ALRAUNE

Nº 1. Magia Sexualis

Hexen Press tient à remercier l'ensemble des contributeurs qui ont participé à la manifestation de la revue Alraune et nous ont accordé leur confiance pour ce premier numéro. Une mention spéciale est dédiée à Philippe Pissier pour son immense travail de traduction et d'inception de la Magick en France.

Alraune N°1 - Magia Sexualis

Edité et mis en page par Magick Kazim

© HEXEN Press 2020

Toute utilisation, reproduction, diffusion, publication ou retransmission du contenu est strictement interdite sans l'autorisation écrite de l'éditeur.

WWW.HEXEN.FR

ISBN : 978-2-492143-00-7

IN NOMINE BABALON

Ah ! ne ralentis pas tes flammes ;
Réchauffe mon cœur engourdi,
Volupté, torture des âmes !
Diva ! Supplicem exaudi !

Déesse dans l'air répandue,
Flamme dans notre souterrain !
Exauce une âme morfondue,
Qui te consacre un chant d'airain.

Volupté, sois toujours ma reine !
Prends le masque d'une sirène
Faite de chair et de velours.

La Prière d'un Païen - Charles Baudelaire

*

Rosa Mystica Mundi

Sommaire

Formules du Sabbat – A.D.C / P.1
Le Ventre de la Terre ou la Transformation – Youna Renard / P.5
Le Sabbat des Sorcières – Austin Osman Spare / P.11
Le Nectar sur la Langue Fourchue du Serpent - Nacht Darcane / P.19
Le Rite d'Astarté / P.23
Le Baiser de la Yogini - Linda Falorio / P.26
L'Invocation de Lilith, un Rite de Sexualité Sombre - Joseph Max. 555 & Lilith Darkchilde 777 / P.36
Les 5 Orgasmes Féminins - Charles Reymondon / P.42
Ek Stasis – Lia Vé / P.49
Un extrait du 'Jardin Parfumé d'Abdullah le Satiriste de Shiraz' sur l'Irrumation - Aleister Crowley / P.56
Du Sang, des Fluides et des Odeurs – Soror Imperator / P.59
Aphrodisiaques Sombres : Le Songe de Lilith - Occvlta Craft / P.66
Pratiques pour Rituels Tantriques - Robert G. Benson / P.75
La Lucidité éroto-comateuse - Frater D. et Soror L. / P.83
La Fille de la Fortitude – John Dee & Edward Kelley / P.90
Les Vêtements de Galvah - Amodali / P.93
Rituel SM en contexte Thélémite - Raven Greywalker / P.108
Bondage, Discipline et Magick - Frater Pectus Scortius / P.113
La Salope Sacrée - Dinasemrys / P.120
Le Sceau des 3 Liquides – T.O.P.Y / P.125
Sexe anal et Sorcellerie - Phil Hine / P.127
Engendrer des Diables dans le Chaos - Phil Hine / P.133
La Punition et la Beauté du bondage japonais / P.156
Contributeurs / P.163

/*\

Illustrations

Léo - Babalon - The Strength – Lust - Witch Vessel / P.0

Fauness - Mike Dringenberg / P.4

Fornicatus Benedictus - Witch Vessel / P.10

Death Kvlt - Witch Vessel / P.18

Bal des 4 Z'Arts – Carte d'invitation (1921) - Paul Labbé / P.23

O Êxtase - Luma Brant / P.25

Sergius Hruby / P.29

Photo : Ex Voto - Lia Vé / P.41

Sceau - Youna Renard / P.48

Ek Stasis – Texte et illustrations par Lia Vé / P.49 à 55

Kiss of the Blue Lotus Yogini – Kazim / P.74

Lilith – Shandi AZK / P.82

L'Ermite – Philippe Pissier / P.107

Sri Yantra Sex Magick – Archive du T.O.P.Y. / P.124

Entity Sigil - Witch Vessel / P.132

Pavel Tchelitch / P.136

Midori, la niña de las camelias - S. Maruo / P.140

Illustration d'Austin Osman Spare pour ' The Starlit Mire' / P.149

/*\

Formules du Sabbat

/*\

**Akherra Goiti. Akherra Beiti. Al Zabbat-I.
Ia Apethiui. Ai Ononshu. Al Zabbat-I.**

J'invoque le Secret de la Conjonction du Soleil et de la Lune au Centre du Cercle.

L'Arcane par laquelle le Sorcier ensorcelle l'Étoile et la lie par la vertu des Rites de Rassemblement au Réceptacle Choisi de Manifestation.
Pour que l'Ancien de l'Esprit place en toi son Temple Vivant et son Oracle.

ZO - AN – SHU - P - KET

Bénie sois la Prêtresse habitée par l'Esprit de la Déesse,
Qu'Elle soit la Forme Visible de l'Invisible, l'Incarnation de Notre Dame,
Sa Majesté du Grand Sabbat des Ages aussi appelée par le Profane :
"Concubine de la Luxure, Mystère, Reine d'Elphame" et convoquée ici
Par ce Nom reçu dans le Sabbat Empyrée en vertu de mes propres rêves :

ONONSHU

ZO - IA - KU - SETH

Béni sois le Prêtre chevauché par l'Esprit du Dieu
Qu'Il soit la Forme Visible de l'Invisible, l'Incarnation de Notre Seigneur,
L'Homme en Noir aussi appelée par le Profane "le Diable" et convoqué ici
Par ce Nom reçu dans le Sabbat de l'Empyrée en vertu de mes propres rêves :

APETHIUI

Par les Actes Sacramentels du Coït, vous deviendrez les Oracles Vivants de ces Forces et serez pourvus de la Sagesse et de l'Autorité pour surveiller, enseigner et diriger les Pratiques Secrètes de la Sorcellerie Sabbatique.

Par les Extases de la Terre j'affirme maintenant l'Éternité de l'Abîme du Ciel !

Par l'Amour des Hommes et des Femmes,
Je célèbre le Corps de Notre Déesse et de Notre Dieu :
Dame aux Cornes de la Lune de l'Abîme des Cieux,
Descends de Ta Demeure Empyrée à Ton Trône,
Et embrase de Ton Immortalité le Cœur Terrestre de la Femme.
Transitions et Extases sont gagnées par la Blessure sacrée ;
Dans la Langue de la Prêtresse, que Ton Oracle trouve sa Voix.
Et dans le Cercle Un de l'Ancien Sabbat,
Que ton Esprit éprouve les Plaisirs de la Chair :
Un Corps, Un Esprit, Une Agape !

Seigneur couronné du Soleil des Profondeurs de la Nuit,
Éveille Ton Feu dans l'Essence de Ton Fils.
Fais vibrer Ta Foudre et ravive le Désir.
Imprime Ta Beauté Nocturne sur le Visage de Ta Descendance.
Et marque l'Argile Mortelle de l'Homme
De la Majesté Intemporelle qui est Tienne.
Paré de Séduction - obsède et possède tes Élus ;
Surgis et manifeste-toi dans la corporalité de ton Prêtre
Comme l'Esprit Impérissable du Maître du Grand Sabbat.
Que ce Corps soit pour ton bûcher tels un Hommage et une Salutation !
Ton Oracle et Ton Temple sur Terre :
Un Corps, Un Esprit, Une Agape !

Je m'endors avec les Hommes et les Femmes comme avec le Divin.
Mon Plaisir est avec les Dieux dans la Joie Terrestre et Charnelle.
Je m'endors avec les Hommes et les Femmes comme dans une Foule Infernale
De Satyres et de Bacchantes, de Muses, de Nymphes et de Génies.
Car toute Chair est le Daïmon Sexuel – la Forge de l'Esthésie
Dont le Feu dirige la Multitude des Passions vers Une même Direction
Et façonne le Livre cuivré de tout Désir,
Écrit dans une Encre de Sang et d'une Semence drainée de veines ancestrales,
Et marqué du Sceau Antique de l'Impulsion Éternelle de I.

Je Rêve parmi les Hommes et les Femmes, tous masqués du Divin.
Leurs Corps de Lumière Stellaire modelés en une Forme Immuable
Aux aspects de l'Étoile Une dont la Lumière reflète, affine, définit et concentre
Leurs Modalités d'Etre – incluant en son sein tout Panthéon.
Je Rêve parmi les Hommes et les Femmes comme avec Incubes et Succubes.
Car toute Chair est le Daïmon Sexuel, tel l'Argile à sa Volonté Inconnue.

Ainsi je prends mon Comble de Plaisir et ramène le Feu des Étoiles à la Terre,
Pour amener le Désir Immortel à une Naissance Mortelle.

Je me réveille parmi les Hommes et les Femmes, tous Mues du Divin.
Dans ma soif théophage je nourris ma faim,
Pour dévorer ceux que j'ai aimés.
Car nous avons sommeillé dans les entrailles du Loup,
Et marché dans la procession muante des Dieux,
Nos bouches fécondes de hurlements d'ombres à têtes bestiales.
Je me réveille parmi les Hommes et les Femmes,
Mais ne suis point né de leurs Désirs.
Car je ne dévore pas les Dieux Mourants,
Ni n'embrasse leur Cortège par Foi.
Mais je pourrais bien dévorer des Dieux Vivants
Et boire le Népenthes de leurs Veines,
Pour me souvenir de vous, qui ferez festin de moi !

Je me réveille seul en I : Auto-désiré et Auto-désirant ;
Ni la Lumière ni l'Ombre ne dicteront ma Forme.
Je sortirai et traquerai sur la Terre, dans la Forêt et en Mer.
Cela que je chasse ne possède aucun nom.

Andrew D. Chumbley

/*\

Traduction française par Kazim

LE VENTRE DE LA TERRE OU LA TRANSFORMATION

Youna Renard

La forêt porte en elle le message et le souvenir le plus ancien du monde, celui du renouveau constant et de la lenteur. Il n'y a pas d'instantanéité dans la forêt, sauf peut-être celle de la mort. Chaque chose suit son rythme, son cycle.
Elle voudrait que le sol sous ses pieds devienne soudain meuble. Qu'elle puisse pénétrer et s'évanouir dans le ventre chaud de la terre, descendre jusqu'aux racines du monde.

Elle rampe sur le sol de la forêt, dans la boue, car elle ne sent plus ses jambes.
Elle veut fuir à tout prix, ne pense plus à rien d'autre, ne ressent plus rien d'autre.
Elle n'arrive pas à avancer car son corps s'engourdit de plus en plus, mais elle met toute son énergie pour essayer. Car elle n'a pas le choix, son corps lui ordonne de tout faire pour survivre, même si c'est vain.
Tout faire pour fuir le danger, mais en être incapable, physiquement incapable, car son corps devient de plus en plus lourd, de plus en plus rigide.
Elle agrippe tout ce qu'elle peut au sol pour essayer d'avancer, des herbes, des racines, elle enfonce ses ongles dans la terre.
Déjà tu commences à ressembler à un animal.
Elle ne maîtrise plus rien.
Elle a la sensation de régresser, l'engourdissement commence à gagner la base de sa nuque, peut être devient-elle un animal ou un enfant, pour le peu de différence qu'il existe entre les deux, peinant à coordonner ses mouvements, sans aucune force musculaire et encore toute sale des restes des fluides et des chairs du ventre de sa mère.
La forêt devient de plus en plus sombre.
Son corps s'anesthésie. Elle perd ses dernières sensations sans savoir si elle est encore sur le sol ou si elle flotte dans l'air.
Son corps attend que ses dernières bribes de conscience s'éteignent totalement pour s'abandonner.
Le silence est total autour d'elle, elle est seule, même les animaux ont déserté les bois.
C'est une nuit sans lune, une lune noire.

Elle se réveille et elle a faim.
Elle pourrait dévorer le monde, l'engloutir et le fondre en elle.
Ses yeux sont plus grand ouverts qu'ils ne l'ont jamais été, tout autour d'elle semble se mouvoir dans une cohérence et une harmonie absolue.
L'interconnexion des choses rend la lumière vibrante.
Elle entend des murmures et des bruissements semblables à des milliers de battements d'ailes troublant un silence aussi profond que le néant.
Elles sont légion, les ombres autour d'elle, proches et éloignées à la fois, comme si la distance entre le près et entre le loin n'existait pas.
La faim grandit dans son ventre, un brasier a la base de sa colonne vertébrale.
La pulsion pure et instinctive de la racine animale de son être.
A présent elle le peut, elle en a le droit. Ses pieds son ancrés dans le sol, elle peut courir, elle peut rugir, elle peut chasser, elle peut se mouvoir librement.
Je suis vorace, terrible et vivante, rentre en mon sein.
Délie-toi.
Unis-toi aux souvenirs des temps immémoriaux.

Sens-la, sens-la, la chaleur, tu peux la maîtriser, elle est en toi, dans le lieu où siègent tous les désirs du monde, le lieu où tu ressens, où tu assois ton pouvoir sur l'humanité. Le monde est ton terrain de jeu, les humains tes esclaves, tu t'amuseras d'eux jusqu'à la fin.

Les ombres ne sont ni femmes, ni hommes.
Dans la marée de chairs humaines, chaque corps semble avoir plusieurs sexes.
Elle a l'impression d'être dans une piscine de membres épars et démembrés doués de volontés. La volonté de fouiller ses chairs, de se repaître de ses fluides, de la dévorer, l'utiliser, l'annihiler.
Le torrent est en elle et l'excitation monte jusqu'à sa gorge.
L'excitation, la porte vers la liberté, la loi et le moyen d'accéder à une conscience explosant en centaine de particules dans l'univers et le cosmos.
Elle est nue, car elle est toujours nue, des dizaines d'ombres l'encerclent, se pressent près d'elle, la touchent, la reniflent.
Elle les voit toutes et n'a pas peur, elle sourit intérieurement car elle sait son pouvoir, elle sait qu'elle a faim et qu'à la fin de la nuit elle sera assise sur un charnier.
La seule règle est de ne pas ingérer plusieurs semences différentes, cela créerait trop de dissonance dans l'énergie qu'elle accumulera en elle.
Elle ignore qui elle touche, qui elle embrasse, qui elle suce, qui elle lèche, qui la prend.

Elle est de retour dans le ventre de sa mère et touche la pureté du doigt. Elle est prise par tous les orifices et regarde le monde en fermant les yeux.

Elle s'unit aux racines, au tronc, aux branches, elle est recouverte de boue et de brindilles, les ombres autour d'elle aussi. Tous participent à une immense orgie avec la forêt, certains baisent et répandent leurs semences dans la terre. D'autres hurlent à la mort, d'autres encore pissent comme des animaux sur les arbres, sur le sol et les gens.

Elle entend les pulsations du groupe à l'intérieur d'elle-même.

Elle n'est plus un être humain.

C'est une affranchie.

L'immense feu brûle, brûle, brûle. Il monte des entrailles de la terre jusqu'au monde des hommes.

Elle n'en peut plus d'entendre les pleurs. Il est là, il repose sur le dos, pleurant et gesticulant. Elle le regarde.

Elle le pousse dans le feu.

Les hurlements finissent par s'éteindre au bout de quelques secondes.

Ils sont tous déguisé en animaux et dansent, dansent, dansent, et rient, rient, rient.

Ils se repaissent de la petite chair carbonisée.

La lumière des flammes projette des ombres sur leurs visages.

C'est parce qu'elle était différente et qu'elle était solitaire qu'elle a cherché la transformation.

Pour ça elle a dû abandonner sa peur. Et tout ce qu'elle croyait savoir, tout ce que sa mère et Dieu lui avaient appris depuis son enfance, sans se soucier de son consentement personnel. Tous avaient cherché à l'emprisonner, à l'enfermer et à la marier de force à une normalité qu'elle n'avait pas choisie.

Ce viol a duré jusqu'à son cri de rébellion, un cri venant d'une voix qu'elle ne se connaissait pas.

Tu seras jugée.

Tu seras jalousée.

Tu seras mise au ban de la société.

Tu seras seule.

Mais tu seras libre et tu seras puissante.

Tu verras ce que d'autres ne verront jamais.

Tu ressentiras l'univers tout entier en toi.

Et comme chaque chose a un prix, elle a payé avec son ventre, avec sa programmation subie, puis elle a inversé la fatalité.

Il dort dans le lit, paisiblement comme un enfant tout rassasié du lait de sa mère.
Elle est réveillée car elle appartient à la nuit et regarde par la fenêtre de sa chambre la nature se baignant dans la lumière de la lune.
Elle aussi est rassasiée. Rassasiée de plaisir, rassasiée de satisfaction et remplie de son énergie.
Il s'est abandonné à elle. Ce n'est pas possible avec tous les humains, certains sont immangeables pour elle et absolument délicieux pour d'autres.
Lui avait tout ce dont elle avait besoin et aimait se délecter du corps et des sucs de la femme. Il est puissant et stable, il est son esclave. Elle, tout lui appartient et elle règne fièrement.
Un jour elle sait qu'elle le sacrifiera, qu'elle ne pourra pas s'empêcher d'aller ailleurs, plus loin. De chercher encore.

Bientôt elle sortira s'unir à la nuit car elle ne peut ignorer l'appel du sol vibrant et brûlant de la forêt.
Elle a faim.
Ouvre grand et respire, hume l'air autour de toi.
L'eau qui coule de toi abreuve la terre, les bêtes et les hommes depuis la création du monde.
Elle est nue, court, saute et rie dans un champ entouré d'arbres.
Un chasseur la regarde au loin et croit à un mirage.
Elle s'arrête, s'immobilise comme un animal à l'affût et le voit.
Il ne bouge pas quand elle le touche, l'embrasse. Il se laisse faire, il ne comprend pas. La violence du paradoxe entre ses désirs et ses normes morales l'immobilise.
Elle a faim, ne lui laisse pas le temps de réfléchir au bien ou au mal, déjà il n'existe plus, son excitation a pris le dessus.
Elle l'attire, prend sa bite pour la mettre dans sa bouche. Elle sent le cœur du chasseur battre dans une grosse veine sous sa langue.
Son cœur à elle aussi bat extrêmement vite et fort, dans ses oreilles les battements se confondent avec le martèlement des sabots d'un groupe de chevreuils apeurés.
Elle le couche et le chevauche, la tête jetée en arrière, elle fait face au ciel et aux astres, c'est comme si elle baisait avec eux.
Elle se souvient qu'il faut se couper, se partager en deux. Une partie d'elle savourant le plaisir, l'excitation, la provocation. L'autre partie se concentrant sur le but et l'énergie dans un lâcher prise total.
Il ne tient pas longtemps et finit par se déverser en elle en criant.
Elle est sortie de la réalité, dans ce petit espace entre les mondes, un moment dangereux de déperdition de soi-même, et d'oblitération des quelques bribes de raison qu'il lui reste.

Elle ne sait plus si elle l'a tué ou baisé. Elle se concentre sur son souffle, sur les contractions à l'intérieur d'elle pour faire monter et fixer dans son corps la partie de lui qu'il lui a abandonnée.
De l'autre côté elle sent la brûlure et la tension de l'excitation dans son ventre, dans son corps.
La chaleur du corps du chasseur est délicieuse.
Ses bras sont levés au ciel au-dessus de sa tête et elle rit, la gorge déployée et offerte au monde.
Elle se lève et part.
En marchant elle prend conscience du sang dans sa bouche, sur ses mains, sur ses seins, ses hanches, son sexe, ses cuisses. Elle s'arrête et voit des yeux par centaines autour d'elle.
Elle se sent étourdie, des vagues de quelques choses se situant entre le plaisir et la douleur dans son corps.
Alors elle court…
Mais peu à peu ses forces la quittent, son corps commence à s'anesthésier. Elle ne comprend pas, elle n'a plus de contrôle, tout s'écroule, encore…
Elle ne veut pas renoncer.
Écoute le calme et accepte ta propre mort. Tout détruire pour renaître encore et encore.

La forêt porte en elle le message et le souvenir le plus ancien du monde, celui du renouveau constant et de la lenteur. Il n'y a pas d'instantanéité dans la forêt, sauf peut-être celle de la mort.
Chaque chose suit son rythme, son cycle.
Elle voudrait que le sol sous ses pieds, devienne soudain meuble. Qu'elle puisse pénétrer et s'évanouir dans le ventre chaud de la terre, descendre jusqu'aux racines du monde.

LE SABBAT DES SORCIÈRES

Austin Osman Spare

~

ARGUMENT : Toute magie choisit sa propre couleur ; il n'y a ni sabbat noir ni sabbat blanc ; le critère éthique de tout acte est qu'il soit anti-social ou motivé par le mal. Là où deux ou trois personnes de maturité suffisante et d'inclination similaire agissent secrètement et uniquement pour eux-mêmes, alors s'ils font le mal - c'est uniquement à eux-mêmes, ce dont je doute ; et cela est bien moins pire que la pratique de ceux qui mutilent ou renient leur corps au nom d'une culture ou d'une religion, parce que ces derniers sont invariablement les prophètes et les propagateurs de la stérilité terrestre et du paradis différé. Alors que l'article de foi extérieur de la sorcellerie est l'immédiateté et le silence pour "se différencier des autres ". Car le but de l'existence est le plaisir et les re-créateurs sont les rares élus.

Le Sabbat est une réversion-inverse pour l'auto-séduction ; un dénouement pour une union naturelle divertissante : le Sexe est utilisé comme le moyen et la technique d'un acte magique. Il ne s'agit pas seulement de satisfaction érotique ; la conversion sensuelle est détachée, contrôlée jusqu'à la sublimation finale. Durant tout son entraînement il faut être soumis et obéissant jusqu'à ce que l'on puisse transmuer, contrôler et divertir son moi par le transfèrement et la froide passion amorale.

La sorcière ainsi engagée est généralement vieille, grotesque, lascivement instruite et sexuellement aussi attrayante qu'un cadavre ; elle devient pourtant l'entier véhicule de perfection. Ceci est nécessaire pour la transmutation ; la culture esthétique personnelle est détruite ; la perversion est également utilisée pour surmonter la même sorte de préjudice moral ou de conformité : par la persistance, l'esprit et le désir deviennent anormaux, fixés et rendus totalement réceptifs ; ainsi la force vitale du Ça est libre des inhibitions antérieures jusqu'au contrôle final. Ainsi le Sabbat devient une orgie sexuelle délibérées dans le but de l'extériorisation, de rendre réelle une pensée autiste désireuse par le transfèrement. Le sexe doit être utilisé totalement : et celui qui ne nuit à personne ne nuit pas à lui-même.

Finalement, la culture esthétique personnelle en tant que "valeur" a détruit beaucoup plus d'affinités affectives que n'importe quelle autre croyance ; mais celui qui transmute la laideur traditionnelle en une autre valeur esthétique, connait de nouveau plaisirs au-delà de la peur. En ce qui concerne le pragmatisme éthique je peux l'affirmer ; il n'a jamais nuit à qui que ce soit, au contraire, il a amélioré la santé et le self-control et a rendu les gens plus tolérants, compréhensifs et compatissants. Il a inspiré et permis d'accepter plus d'une probabilité comme possible : la seule chose qui ait rendu la réalité magique, et la magie réalité. Le plaisir est en nous et autour de nous... alors ils lui font signe et il vient à eux.

LE SABBAT

THÉORIE DE LA FORMULE :

La différenciation est le stimulus de la récréation : c'est pourquoi la perversion et les pratiques contre-nature sont utilisée à cette fin ; la cérémonie et le rituel sont les matrices de la forme et de l'ordre. La croyance étant que par l'acte du "comme si" le vœu est incrusté lorsqu'il est doté de continuité, extase après extase. L'acte de changement de peau est par substitution ou transfèrement dans les pouvoirs d'automates élémentaux ; une délégation par l'esprit obsédant : ainsi la réalité peut prévaloir et pour un moment sert son propre but. Le moment d'extase est utilisé comme instant fécond de la dotation du vœu ; car à cette période de la réalité la volonté, le désir et la croyance sont alignés à l'unisson. La foi est une forme d'auto-hypnose obligatoire qui peut édifier et pénétrer la croyance. Les grands croyants n'ont pas besoin de foi : et nous sommes tous convaincus par la chair de la manifestation des choses.

Le Sabbat est toujours secret, communautaire et périodique ; une consommation forcée pour un accomplissement de la volonté presque illimité. Par une abstinence prolongée et volontaire, la répression et le sacrifice, jusqu'à la libération par la sublimation dans la saturation sexuelle de masse ; pour un but : l'extériorisation d'un voeu : la grande économie et la grande dépense. L'hyper-érotisme ainsi induit par cette grande gamme d'hystérie ou de saturnales n'a aucune base sado-masochiste essentielle ; la stimulation peut la remplacer. Avant la cérémonie, chacun a son partenaire assigné, bien que tout se termine généralement dans la promiscuité et le chaos. Les initiés sont entraînés individuellement mais seulement dans leurs propres parties, et la réponse qu'on attend d'elles - ils jouent un rôle passif, par la promesse d'une incommensurable extase : alors que les sorcières jouent un rôle entièrement actif : d'où la lévitation symbolique sur un manche à balai.

Il y a un lieu de rencontre, une cérémonie élaborée qui est un hypnotique considérable capable de mettre à bout toute résistance : ainsi l'odorat, l'ouïe et la vue sont séduites par l'encens, le mantra, l'incantation et la cérémonie rituelle, tandis que le goût et le toucher sont rendus plus efficaces par le stimulus du vin et d'actes libertins. Après un complet assouvissement sexuel par tous les moyens connus une affectivité survient ; une hallucination extériorisée du voeu prédéterminé, qui dans sa réalité est magique - pourtant personne ne peut dire si certaines choses se produisent ou pas, bien que chaque personne puisse avoir des expériences très différentes et également vives : mais certaines formes de lévitations semblent communes à tous. (Ma propre expérience de nombreux Sabbats est qu'il y a une extériorisation consommée et que les souvenirs subséquents sont réels.)

Tous les actes sadiques excessifs sont essentiellement symbolisés par les authentiques sorcières, mais quelles que soient les stimulations, elles sont communes à tous les rituels d'amour érotiques. La cérémonie entière est basée principalement sur une inversion des offices religieux orthodoxes. Voici quelques versions expurgées de prières, mantras, etc...

Fornicatus benedictus !

Tout Puissant Asmodée, créature du Chaos,
Que ton nom soit de mauvais augure ;
Que ton règne arrive sur la terre,
Mène-moi à toutes les tentations de ma chair
Afin que j'empiète largement sur tes chemins par mes désirs ;
Car tu es l'unité toute-explorante du sexe,
Toi le puissant géniteur de la Création
Qui ne connaît aucun assouvissement :
Exhausse mon vœu,
Car tu es la puissance, l'extase et la réalité !
Amen.

(Ici une petite arabesque talismanique des zones érotiques circule. Ensuite suivent une brève communion perverse, puis un symposium d'exhibitionnisme suggestif, des histoires libidineuses et l'abréaction de tout espoir sexuel, se développant dans la chose réelle.)

Évocation

O, Puissant Ruetavresbo !
Toi qui existes dans toutes les zones érogènes,
Nous T'évoquons !

Par le pouvoir des significations
Surgissant de ces formes que je crée,
Nous T'évoquons !

Par les talismans qui expriment
Le leitmotiv du désir,
Nous T'évoquons !

Par les saints concepts intercalaires,
Donne-nous la Chair !

Nous qui souffrirons toutes les extases,
Donne-nous la Volonté !

Par le Quadriga Sexualis,
Donne-nous le Désir Constant !

Par la conquête de la fatigue,
Donne-nous la Résurgence Eternelle !

Par le très saint Mot-courbe du Ciel,
Nous T'invoquons.
Amen.

Prière de Communion

Nous qui allons tout partager entre nous,
Marcherons au-devant de toutes les maladies et les morts galantes,
Car nous sommes dans l'équinoxe magique.
Amen.

Nous qui nous transformons en chaque image gravée,
Aurons de grandes copulations
Et nous pourrons aimer nos Dieux :
Car nous connaissons les alignements sacrés.
Amen.

Nous qui ne crisifions pas -
Rien qui soit de la "Nature" ne nous nuira :
Ni notre venue ni notre voyage vers la matrice.
Car nous possédons la clé pour toutes les esthétiques.
Amen.

En cet instant sacré * nous oublions nos ennemis :
Alors que les choses mortes dorment.
Et que nos amours mortes surgissent,
Afin qu'elles aussi folâtrent et se réjouissent de nos extases.
Que leur animation soit puissante pour nos souvenirs
Et qu'ainsi resurgisse toute l'extase,
Car en ce jour il n'y aura aucune inhibition.
Amen.

Toi l'insatiable quadriga périphérique du Sexe.
Amen.

* (Là se déroule le repas symbolique de chair et de sang)

Le Crédo d'Affirmation

Je crois :
Je deviens les potentialités que j'ai pratiquées -
Le chemin éclectique entre les extases :
L'acceptation de toutes choses,
En franchissant toutes les portes et le seuil :
Pour moi seulement la loi je crée -
Le bien et le mal j'affirme :
La relativité de toutes choses à l'Ego.
L'apothéose de la connaissance dans l'extase :
Dans les Dieux et la Chair éternelle réside toute vérité ;
Que ma Voie soit la seule voie pour moi, aussi déviante soit-elle :
Que l'acte du "comme si" que j'ai enveloppé en moi,
Deviendra un puissant élémental pour me servir.
Et je crois sans restriction
En la préservation de mes concepts
Comme le média de l'Ego,
D'où toute chose provient finalement.
De plus je crois que mes illusions, désillusions et fantasmes,
Qu'ils appartiennent à la normalité ou à la schizophrénie,
Sont les esquisses d'une para-réalité
Ressentie par les esthétismes.
Amen.

LE NECTAR SUR LA LANGUE FOURCHUE DU SERPENT

Nacht Darcane

~

Lorsqu'on évoque la magie sexuelle, le temple de l'imagination s'ouvre sur des abysses de mystères nébuleux où les serpents se mêlent aux secret-ions les plus intimes pour glorifier l'âme démonique. Les promesses d'ivresses extatiques se profilent dans l'Ombre subconsciente peuplée de créatures transgressives où l'horreur se repait dans la jouissance. La chair est le véhicule de pouvoirs sombres, sans lesquels l'intention de magie sexuelle n'est qu'une mécanique des corps où règnent la platitude et l'ennui. Les rituels les plus sophistiqués accomplis dans les règles de l'art ne sont qu'une pantomime dérisoire si l'énergie sexuelle n'est pas éveillée et maitrisée par les élus. La Kundalini, le serpent dont le venin ensorcelle ou annihile est l'élément sacré, le feu électrique qui embrase la Psyché offerte au membre erectus d'Eros.
La voie humide, fulgurante et périlleuse fait voler en éclats les portes du sanctuaire interdit pour initier, transcender et transformer la conscience. La folie sacrée se déchaine, dans la vénération mutuelle d'entités monstrueuses au pouvoir redoutable. La soif viscérale, frénétique du désir sauvage de dévorer, de se délecter des fluides sexuels, du sang de la divinité incarnée, domine sous l'œil énigmatique de la vacuité, astre fixe de l'empyrée d'un autre monde.

Exaltation des sens, exultation de l'âme. La perversion absolue dans l'expression sans tabous des pulsions ancestrales délivre les démons opprimés de la Psyché. Victorieux ils reprennent le pouvoir dans la volupté de l'union avec l'antinomie de leur Essence. L'inconnaissable se dévoile sous la menace de la désintégration du connu tandis que la déraison la plus profonde s'empare du sens commun pour l'exiler à jamais. Pulsion de mort dans l'intensité de la possession, flamme d'annihilation exaltée dans l'Eros. Abandon au pouvoir sombre et hypnotique des profondeurs sous l'influence des abominations succulentes de la luxure.

Le Vama Marga ou Tantra de la main gauche se distingue du Tantra de la voie de la main droite pas seulement parce qu'il implique Maithuna ou union sexuelle ou la consommation de substances dites impures (viandes, alcool, drogues etc.), mais parce qu'il invite à la violation de tout principe moral, de tout désir de se fondre dans la divinité. En prenant sciemment une position de défiance de damné, le Tantrika devient le sacrifié dont la récompense est le pouvoir de contrôler et créer sa réalité. Unis dans le Hieros Gamos, il/elle deviennent les dieux démoniques par-delà la dualité, monarques invisibles d'un royaume de désolation sublime, l'Eden Ténébreux.

L'énergie sexuelle libérée de ses chaines, réhabilitée en partie intégrante et active d'une conscience orgasmique est la plus puissante des forces à la disposition de la volonté. La Shakti, énergie féminine est l'initiatrice vénérée et crainte, dont le potentiel se révèle dans la maîtrise de sa nature volcanique. Elle accorde ses faveurs à ceux qui ne sont plus seulement les esclaves de pulsions physiques grossières, mais les artistes inspirés d'une création sensuelle visant la Gnose la plus haute.
Les processus intérieurs dominent dans l'expérience magico-tantrique mais ne sont cependant pas exclusifs. En effet, il ne s'agit pas de s'évader dans une réalité intérieure idéale et de rejeter le monde tangible. Au contraire, le thaumaturge tantrique est en contact avec la chair, les sens, le plaisir et la douleur, la mort et la naissance, il manifeste dans la matière les sublimations secrètes d'une réalité façonnée par ses aspirations. La transmutation de la conscience, est une transformation irréversible de l'être, prenant forme dans la personne incarnée. La naissance démonique confère un pouvoir, un mode de perception et d'action aliène, inconnaissable et inaccessible au non initié.

La sexualité sacrée pratiquée dans un but de magie sexuelle ne vise pas, même si ce n'est pas exclu, à réaliser les désirs mondains personnels. Celui qui pénètre dans la caverne de la Déesse Redoutable devient l'instrument et le créateur d'une dimension occulte. Discipline et intériorisation s'allient à l'exaltation et au chaos dans une alchimie intérieure féconde. Les sens stimulés par les mélopées hypnotiques et les effluves d'encens, les Tantrikas s'enivrent du soma de leurs fornications impies, dans la mort, la pourriture et le sang, exultant dans une extase non duelle. Ils abandonnent la conscience ordinaire pour pénétrer dans un espace voilé où sont révélés les mystères les plus obscurs.
Mysticisme et/ou technologie magique, les pratiques et interprétations de la magie sexuelle diffèrent et se ressemblent de l'Orient à l'Occident, depuis des temps immémoriaux, et ne cessent de se métamorphoser de façon organique, intégrant de nouveaux éléments, en rejetant d'autres. Cette connaissance n'est ni finie ni définie, tel le serpent elle glisse entre les doigts de ceux qui veulent se l'accaparer. Elle injecte le venin de sa gnose à ceux qui se sont libérés du carcan des conditionnements et des certitudes.

Au sein de la nuit noire de l'âme, la conscience conviée au Sabbat Orgiastique du monde Astral se livre à la frénésie des sens intérieurs où une fureur sensuelle exacerbée mène la danse. La Prostitué Sacrée écartelée, condense la substance du Vinum Sabbati tandis que le Seigneur Lubrique honore ses orifices, ravines d'accès à d'autres abîmes de perdition. Les ondulations de la chair stimulée par le Serpent voluptueux, distille des essences, des substances aux pouvoirs mystérieux, transformant le sang et les fluides intimes en élixir. Ivres du soma toxique du sang lunaire mêlé à l'élixir séminal, la vision s'ouvre à l'inconcevable, l'intrication subversive de mondes paradoxaux où la raison capitule. Embrasement des derniers vestiges d'une réalité obsolète, étriquée et asphyxiante dans l'incandescence du sacrifice originel et ultime.

Dans l'Athanor, la métamorphose irréversible se poursuit lors d'opérations alchimiques réitérées à l'infini. Seuls résonnent dans la nécropole silencieuse, les soupirs extatiques de copulations sacrilèges, d'où le Feu émane, indomptable et éternel.

Certaines arcanes ne se révèlent qu'au prix d'une intensité corrosive maintenue sans siller par-delà le temps et l'espace jusqu'à la dissolution des masques. Annihilation du simulacre pour la naissance de l'immortel légitime et souverain.

L'aberration de l'Androgyne monstrueux, fruit d'un antagonisme absolu, reste silencieux, tapi dans l'ombre, il se dérobe à la lumière violatrice de l'inquisition profane. Il jouit en secret dans l'éternité d'une félicité blasphématoire.

Les mots ne sauraient offrir en pâture la quintessence de ce qui est caché.

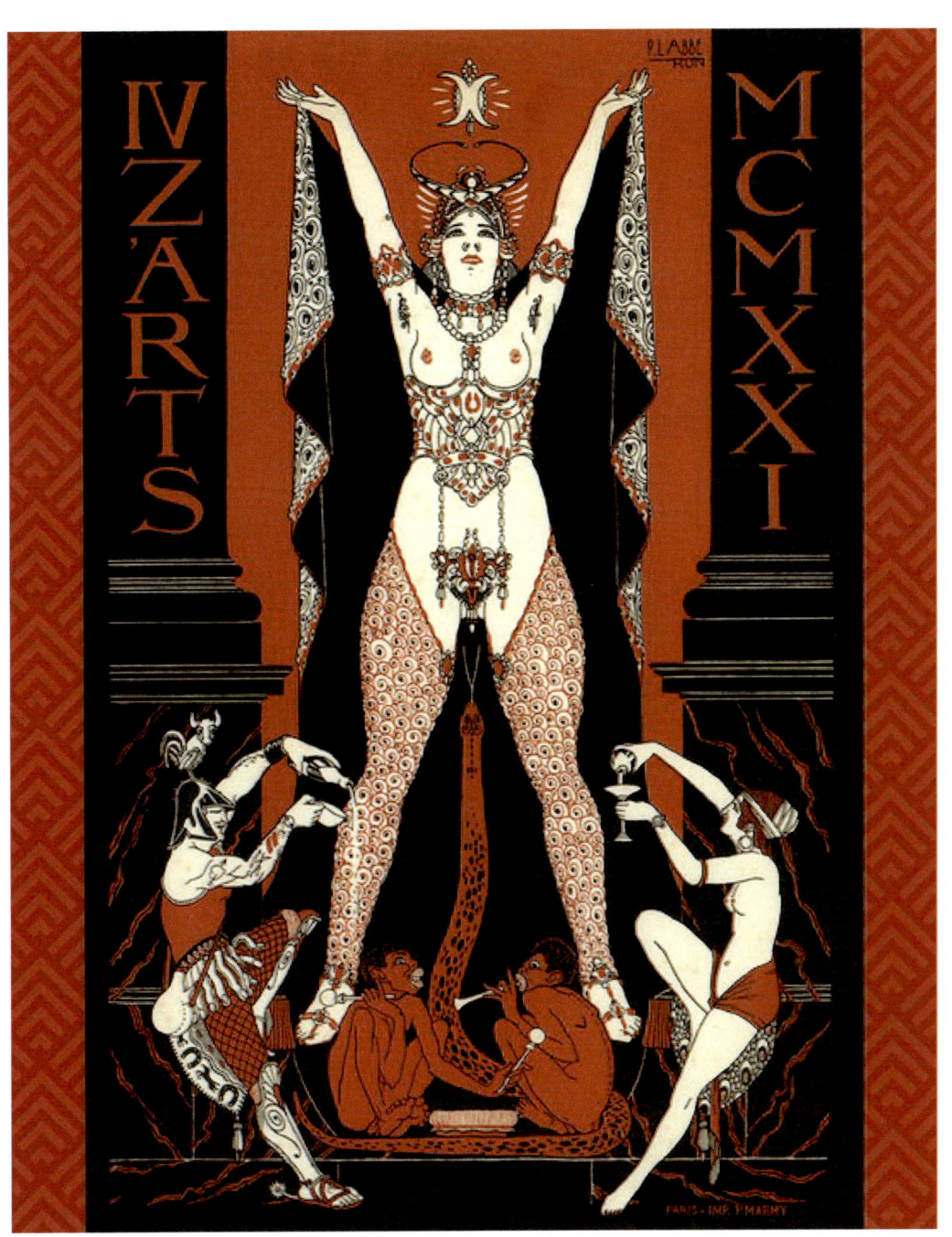

LE RITE D'ASTARTÉ

Données de base :

Astarté était la déesse phénicienne antérieure à l'Aphrodite grecque. Les Sumériens la connaissaient sous le nom d'Inanna ; les Babyloniens sous celui d'Ishtar. Comme Reine de l'Étoile du Matin, Astarté était une déesse de la guerre. Comme Reine de l'Étoile du Soir, elle était une déesse de l'amour passionné. C'est sur ce dernier aspect d'Astarté que cette invocation met l'accent. Astarté apparaît comme une femme splendide montée sur un char tiré par sept lions, portant une couronne de feuilles de myrte, et accompagnée de colombes.

Matériel :

- De l'encens de type vénusien, incluant du myrte et/ou des roses pour ingrédients (ces plantes étaient sacrées pour Astarté).
- Sept chandelles vertes.
- Des pétales de rose rouge séchée, et des feuilles de myrte séchées.
- Une étoile à sept pointes, papier, étoffe ou feuille de métal, pour chaque participant.
- Un calice pour chaque participant.
- Du jus de fruit (pomme, de préférence) ou du vin rouge.

Préparation :

Allumer les bougies, l'encens, etc. Chaque participant a son calice, son étoile, et une poignée de pétales de rose et de feuilles de myrte.

Le Rite :

1. Ouvrir par le vortex ou autre ouverture adaptée.

2. Déclaration d'Intention :

C'est notre volonté que d'invoquer Astarté comme déesse de l'Amour.

3. Tous répètent après l'Opérateur Principal :

Feth Qichi Astarté ! (Nous désirons Astarté !)

Astarté (répéter 7 fois)

Feth Qichi Astarté !

4. Les participants tiennent l'étoile dans leurs mains, le mélange myrte/rose se trouvant au-dessus, cependant que l'Opérateur Principal les entraîne :

O.P. : **Astarté, Déesse de Beauté et d'Amour !**
Tous : **Feth Qichi Astarté !** (Nous t'appelons, Astarté !)
O.P. : **Astarté, Reine du Ciel !**
Tous : **Feth Fouija Lyt Astarté !** (Nous t'aimons, Astarté !)
O.P. : **Astarté, Dame de l'Étoile du Soir !**
Tous : **Gesizal Cho Tajeed Bygud !** (Dame de l'Etoile du Soir !)
O.P. : **Astarté, viens à nous ! Astarté, investis-nous de ta beauté ! Astarté, donne-nous le pouvoir de séduire ! Astarté, sois avec nous aujourd'hui et pour toujours !**

Tous : **Feth Lohixos Lyt Astarté !** (Nous t'invoquons, Astarté !)

5. Tous les participants ferment les yeux et, tout en tenant leurs étoiles et mélanges de plantes, se mettent à respirer rapidement tout en visualisant la déesse Astarté apparaissant devant eux. (Elle apparaît comme une femme splendide, couronnée de feuilles de myrte, se tenant dans un char tiré par des lions.) Lorsque la gnose est atteinte, l'O.P. crie :

O.P. : **Xiqual Astarté !**

Tous : **Xiqual Astarté !**

6. L'O.P. prend le vin ou le jus de fruit et remplit tous les calices. Puis, tous les participants sortent à l'extérieur, levant leur calice en direction du ciel nocturne, visualisant la lumière des étoiles remplissant le contenu de leur calice. Si on le désire, on peut à ce moment chuchoter à la déesse une requête personnelle (de nature verte, vénusienne). Boire le contenu du calice.

7. Anokquz (bannir et fermer)

LE BAISER DE LA YOGINI

Linda Falorio

~

"Les Frères de l'A.A. sont des Femmes..."

A. Crowley, le Livre des Mensonges

UNE NOTE SUR LE GENRE ET LA SEXUALITÉ

Traditionnellement, par les termes de Femme Écarlate et de Babalon nous nous référons à des courants exclusivement canalisés par des femmes biologiques ; mais je ne vois aucune raison valable pour qu'il doive toujours en être ainsi, et je crois qu'en l'état actuel de notre évolution psychologique et spirituelle, nos uniques limitations sont celles de l'énergie que nous sommes capable d'expérimenter, d'explorer et d'incarner, puisqu'elles sont à la portée de notre imaginaire. Par conséquent, j'ai essayé d'exprimer les idées suivantes sous le mode du genre neutre. Si quelque faille s'y trouve, elle reflète seulement les limitations de ma propre imagination, et non les limitations de l'âme humaine tandis qu'elle est à la recherche d'elle-même. J'espère que tous les lecteurs, quelque soit leur genre ou leur sexe, trouveront ici l'inspiration pour leurs propres voies créatives.

LE SENTIER

Parcourir le sentier de BABALON, c'est chercher, se permettre à soi-même d'expérimenter l'existence comme pure sensation, suspendant tout jugement de valeur de plaisir-douleur, bien-mal, attirant-repoussant, avec lesquels communément nous limitons et définissons notre expérience humaine de chaque jour.

Parcourir le sentier de BABALON c'est chercher, se permettre à soi-même de se rendre totalement aux sensations de plaisir et de désir, trouvées dans toutes les facettes de l'existence, sans crainte de la dissolution du "Moi". Parcourir le sentier de BABALON, c'est se donner la liberté d'initier la passion, dans les autres, et en soi-même.

Parmi les quatre visages des déesses - la Jeune Fille, la Nymphe, la Guerrière et la Vieille - Babalon est la Guerrière. Babalon est cet individu de pouvoir qui s'éveille et qui s'ouvre au contact de sa sexualité magicke, laquelle n'est cependant pas définie par un autre individu, mais seulement par sa propre Volonté d'expérimenter l'existence. Il/Elle est cet individu capable de suppléer les déesses canalisant l'amour total inconditionnel de l'univers pour toute chose dans la création - au-delà de la beauté et de la laideur perçues, de l'attirance et de la répulsion, du genre, de l'âge, ou des réactions émotionnelles personnelles. Assuré en soi-même de son pouvoir magicke, celui qui marche sur le sentier de BABALON est libre de se rendre totalement au désir - aux désirs des autres aussi bien qu'aux siens propres, conservant l'intégrité de soi, l'indépendance et le pouvoir.

Capable d'ouvrir ses intenses sensibilités à un éveil de l'existence en tant que pure sensation, Babalon est une adepte tantrique doté des pouvoirs que cela implique. Babalon fonctionne comme médium psychique et voix oraculaire, dans l'expression de ses propres songes de la réalité, et non dans ceux des autres. Comme un Guerrier, celui qui parcourt le sentier de BABALON travaille activement à la transformation positive de la culture et de la société, pour lui donner une direction, au moyen du courage, de la volonté, de la créativité, de l'amour et surtout, de la Voix Féminine.

TECHNIQUES POUR TROUVER L'AUTRE, TECHNIQUES POUR TROUVER LE SELF

a)*"Prends ce qu'ils te donnent"*. Au cours de chaque rencontre de ta vie quotidienne, prends n'importe quelle chose que les autres te donnent. Si elles sont fâchées, prends-le. Si elles sont tristes, laisse cela passer dans ta conscience. Si elles sont sexuellement attirantes pour toi, laisse ton énergie se sentir bien à l'intérieur de toi. Qu'importe ce que pourrait être ta réaction personnelle normalement, s'il y a de la peur, de l'attirance, de l'ennui, de la répulsion ; accepte l'individu devant toi sans jugements. Absorbe ses énergies à l'intérieur de toi, touche légèrement ses épaules, prends sa main dans la tienne, laisse s'écouler l'énergie de l'essence de tes yeux vers les siens. Irradie à travers eux cet amour et cette acceptation. Tu dois te rendre compte que tout ceci n'a rien à voir avec tes réactions "personnelles", mais que c'est juste la médiation de Babalon, tandis qu'il/elle touche la sphère humaine.

b) *Comme une extension de ce qui est dit plus haut*, imagine que tu as des relations sexuelles avec toutes les personnes que tu rencontres, qu'elles soient attirantes ou non, vieilles ou jeunes, en dépit du genre et des tabous sexuels traditionnels. Continue cette pratique jusqu'à ce que tu sois capable d'imaginer chacune de tes rencontres sans émotion, rejet, culpabilité, honte ou peur. Quand de telles émotions auront totalement perdu sur toi leurs pouvoirs, tu auras développé la bonté et la tolérance envers les différences des autres, car nous aimons le meilleur, ce qui nous plait le plus en nous-même.

c) *Dissoudre les limites de l'ego au moyen du "baiser"*. Au cours de ce moment ineffable, les limites entre soi-même et l'autre deviennent floues. Prolonge ce moment jusqu'à ce que tu sentes une énergie et un réveil de l'autre que "toi-même" que tu feras mouvoir au dedans de toi. Embrasse une plante. Embrasse un objet inanimé, comme une pierre, une voiture, un crayon, ton athamé. Embrasse un animal. Embrasse un autre être humain. Faisant ainsi, à ce moment du baiser, tu émergeras ; mélange tes essences intérieures et apprends quelque chose de l'être de l'autre. Sois attentionné car l'autre à son tour aura pris en partage une part de toi.

d) *Le miroir: Change de positions*. Au moyen de ton imagination, regarde fixement les yeux de l'autre personne, jusqu'à ce que tu te "convertisses" en cette autre personne, regardant à l'arrière de toi-même, avant toi, ce lieu qui sera alors "converti" en "l'autre". Ceci peut être très intense, déstabilisant pour les deux parties. Quand cette pratique est réalisée avec succès, il y a un flash d'union à l'autre, qui est un flux d'amour pur universel, une extension et une identification à l'autre, comme tout amour est union avec ceux que nous désirons, à ceux que nous souhaiterions absorber en nous-même, les esprits entreprenants pourront tenter ce qui suit : pratiquer cela avec quelqu'un qui ne te plait pas ou contre qui tu es en colère.

e) *Miroir, miroir*: Regarde ton reflet dans la glace jusqu'à ce qu'il ne te soit plus familier, jusqu'à ce que le visage se soit converti en celui du (de la) partenaire qui maintenant te regarde. Irradie de la bonté envers cet autre, celui du miroir, donne-lui ton acceptation, laisse ton amour aller vers lui et te revenir en reflet.

f) "*Monogamie Magicke*". Quand nous cherchons la muse de l'inspiration au moyen de l'union avec l'autre, nous rencontrons la difficulté suivante : la muse est en nous, elle n'est pas dans l'autre. Par conséquent aucun individu ne peut nous donner ce que nous possédons déjà en nous-même. Mais nous pouvons cependant le découvrir en ce qui, au début où l'on s'enflamme pour le nouvel amant, constitue l'étincelle qui incendie l'inspiration élusive que nous cherchons, bien que cela ne soit que temporaire. Néanmoins, si l'on persiste dans la pratique tantrique avec un individu donné, il y a un approfondissement, du fait de pouvoir faire taire les masques. Avant qu'elle ne devienne familière et ennuyeuse, il y a un moment où dans la relation l'amant vient à être totalement mystérieux, totalement AUTRE, et de cette manière devient-il médiateur transcendant de la force magicke créative.

ORGASMES MAGICKES

L'Orgasme est énergie. Les mouvements rythmiques volontaires du corps et de la respiration construisent les modèles d'énergie induisant des réponses primaires et profondes dans le corps et la psyché. Au moment de l'orgasme le sens du "Moi" va au-delà de ses limites, fusionnant avec le courant de vie de l'univers ; l'esprit et le corps irradient de mille éclats d'énergie et de lumières dansantes. L'orgasme ouvre une porte vers d'autres dimensions, où une personne normale simplement perd la conscience d'être, tombant heureusement endormie, l'adepte passe par le courant de la décharge orgasmique vers les mondes astraux où il/elle accède aux réalités créatives donnant pouvoir de faire que telle ou telle chose soit.

Respirant l'Orgasme

Dans ton Temple ou habitation-sanctuaire, établis un rythme respiratoire. Visualise la force de vie autour de toi comme autant de points lumineux de lumières dansantes. Respire cette lumière jusqu'à l'intérieur de ton corps ; concède-toi d'expérimenter l'océan environnant de l'énergie vibrante dans laquelle nous baignons constamment et dont nous tenons notre existence. Tandis que le rythme respiratoire vient à s'établir, ta volonté s'approfondit chaque fois davantage en l'état méditatif, ta conscience se calme, devenant lucide et claire. Fais l'expérience de chacune des pratiques suivantes jusqu'à ce que surviennent diverses sensations physiques indicatrices de succès :

Imagine que tu es en train de respirer au-dedans et au-dehors, non pas au moyen du nez ou de la bouche mais à travers les os de tes jambes ; respire à travers les os de tes bras.

Respire à travers le sommet du crâne, continuant jusqu'à ce que ton esprit se répande, s'ouvrant à l'univers.

Respire à travers les pores de ta peau, jusqu'à ce que ton corps se sente propre, entièrement vivant et ouvert à la sensation.

Respire l'énergie ascendante à partir de la base de ta colonne vertébrale jusqu'au sommet du crâne. Respire l'énergie descendante, depuis la tête jusqu'à la base de la colonne vertébrale, ton corps parvenant à être chargé d'énergie et de lumière tandis que tu respires le courant de l'énergie ascendante et descendante par ta colonne vertébrale.

Respire l'énergie ascendante qui monte au sommet du crâne, qui revient ensuite vers le bas et autour de ton corps, montrant comme un azur brillant, ton aura protectrice, croissant à l'intérieur du bleu brillant du cercle qui t'entoure dans ton espace sacré, cercle qui devient chaque fois plus puissant, plus vital, à chaque respiration.

Respire au travers des sept centres vitaux, chaque chakra à son tour, les éveillant afin qu'ils vibrent comme des lumières vivantes.

Orgasmes du corps : Exercices Tantriques de l'Arbre de Nuit

En communion avec l'Ange de ton Être Supérieur, porte-toi toi-même à l'orgasme, sans anxiété, sans culpabilité. Tiens un registre de tes visions.

*Orgasme à travers la base de la colonne vertébrale - **Malkuth***

Nous expérimentons ici le pouvoir de l'énergie tantrique changeante ; le pouvoir de distiller l'élixir qui transforme, tandis que les semis chimiques des kalas sexuels se déversent du corps et que la Pluie Argentée de Nuit s'épanche des étoiles.

*Orgasme à travers le centre sous le nombril - **Le Noeud de Brahma***

Nous nous connectons ici au pouvoir personnel, nous expérimentons le Ch'i comme des tentacules de lumière irradiante, s'étendant aux objets d'attention et de désir. Nous serons capables de *nous voir* nous-mêmes et les autres êtres humains comme de brillants oeufs lumineux, comme des nœuds d'interconnexion de lumière, comme des vortex de sensibilité pulsant aux rythmes de la vie.

Orgasme à travers le nombril - Yesod

Ici faisons-nous l'expérience du pouvoir de la fascination et de l'enchantement, de l'imagination incendiée par le désir; le pouvoir de créer des illusions, de créer notre propre univers - qu'il soit ciel ou enfer. Nous expérimentons le "savoureux" de la vie, sa richesse et sa sensualité inhérente à tout ce qui s'écoule : émotions, courants, sang.

Orgasme au travers du diaphragme - Voile de Paroketh/Noeud de Vishnu

Ici trouvons-nous le pouvoir du mot dans le silence : le pouvoir de l'invisibilité, le pouvoir du voile. Nous trouvons l'habileté pour entrer dans d'autres dimensions via le trou noir cosmologique de l'espace interstellaire, qui est matière retournée sur elle-même par le pouvoir de l'attraction interne.

Orgasme à travers le cœur de compassion - Tiphereth
La Croisée des Chemins

Ici nous trouvons le pouvoir de l'invisibilité, le pouvoir de pénétrer dans le corps, dans le cœur et l'esprit de l'autre. Nous expérimentons la réalité du Soi comme rien de plus qu'un Vide sans Ego.

Orgasme à travers la zone de la gorge
Nœud de Shiva/Daath/Entrée de l'Univers B et des Tunnels de Set

Nous faisons l'expérience du pouvoir du Chaman, du modèle changeant, du pouvoir de transmutation consciente de la cellule primaire. Nous touchons et faisons l'expérience du masculin-féminin/féminin-masculin mélangés, existant comme possibilités naissantes dans notre corps de lumière. En outre, nous réalisons le passé-présent futur comme existant dans le Maintenant.

Orgasme à travers le Troisième Œil
Binah, celui au double pétale/Chokmah,
dans le centre entre les deux yeux

Nous faisons l'Expérience d'entrer dans le Temps de Rêve; de sortir du corps à Volonté. Ici est le pouvoir d'extérioriser, d'objectiviser et d'universaliser notre interne et subjective conception personnelle supérieure de la réalité. C'est ici que demeure le pouvoir de proférer "La Parole Originelle" du Maître du Temple.

Orgasme à travers le sommet du crâne - Kether
Chakra Sahasrara, celui aux mille pétales

La kundalini s'est élevée par la colonne vertébrale, éveillant la conscience pour s'épancher par la cime du crâne, dans l'univers inexploré, la pluie d'étoiles-qui-toujours-s'étend. Nous expérimentons la lumière et l'énergie des Etoiles au-dessus de nous comme sources d'inspiration et nourriture spirituelle, lieu des semences de notre race ; et l'accès au pouvoir du voyage dans le temps trans-dimensionnel, interstellaire.

Orgasme à travers tous les pores du corps

Nous expérimentons les points d'interconnexion d'éclats de lumière qui couvrent la chair vive ; nous ressentons les nadis vibrants du corps subtil, petites pincées de lumières qui sont les bénédictions des kalas des étoiles, car elles pleuvent depuis les dimensions transplutoniennes. Nous faisons l'expérience d'un univers plein d'Etoiles qui tournent comme des pulsations de différentes couleurs. Nous rencontrons le pouvoir d'appeler les Grands Anciens, voyageurs sans temps, les Dieux qui toujours reviennent, tournant en spirale du passé à l'avenir en un *éternel présent* révélé.

TANTRA DU CIEL ET DE LA TERRE

Avec les bras levés, dans une attitude de célébration, respire et souffle dans le soleil, la lune et les Etoiles. En les atteignant, laisse aussi leur énergie te toucher au dedans. Fais l'expérience de leur bénédiction comme s'il s'agissait d'un baiser prolongé.

Posant les mains sur la terre (si tu es à l'intérieur, contente-toi du sol mais visualise-le terre), envoie l'énergie orgasmique, la laissant s'écouler à l'intérieur du corps-qui-tout-accepte de la terre. Fais l'expérience des bénédictions de son amour-qui-tout-embrasse ; profonde ouverture de cœur, quiétude, silence, paix.

Traduction française par Hôte-Cerf

Àsta Hagalaz

L'INVOCATION DE LILITH, UN RITE DE SEXUALITÉ SOMBRE

Joseph Max. 555 & Lilith Darkchilde 777

~

"AVERTISSEMENTS" : Lilith est un égrégore primitif de l'animal sombre. Elle est puissance et domination sexuelles sans entraves. Cette invocation ne doit pas être tentée par une personne sans grande expérience de la magie cérémonielle, ni par quelqu'un entretenant des problèmes psychologiques non résolus et liés à la sexualité. Si le sang doit couler, ou si des activités sexuelles s'ensuivent, il conviendra d'observer toutes les précautions contre les maladies véhiculées par le sang et les fluides sexuels. Il serait sage de désigner un "gardien" qui "observera" le déroulement du rite d'un point de vue détaché, et interviendra si les participants, dans leur frénésie, se trouvaient sur le point de commettre des actes dangereux. Le gardien devrait tracer son propre cercle de protection autour de lui-même. Le gardien ne devrait intervenir que s'il y a risque de sérieuse blessure physique ; sinon il convient de laisser les événements se dérouler à leur propre rythme. Toute personne craignant les possibles effets psychologiques de ce rite ferait bien de n'y pas participer. Ce n'est pas pour les timides.

Vous avez été averti, toute discrétion est désormais laissée aux participants.

Matériel :

- des bougies noires ou pourpres
- de l'encens (musc)
- un calice en argent
- un fouet (du genre chat à neuf queues)
- une pèlerine noire, de préférence en satin (pour l'opératrice principale)
- du vin rouge
- un scalpel (stérilisé) ou une lancette pour prélever le sang
- un système sonore OK, et une bonne sélection musicale à caractère sexuel.

(Diamanda Galas, "Deliver Me From My Enemies" ou This Mortal Coil, "Filigree and Shadow", constituent des choix excellents, mais que chacun choisisse selon ses goûts).

Préparation :

Lilith est l'aspect féminin primitif de la sexualité sombre. Pour cette raison, les auteurs estiment que l'invocation a plus de chances de réussir si l'Opérateur Principal est une femme. Nous n'écartons pas la possibilité de succès avec un Opérateur Principal de sexe masculin, mais il devra être à même de rentrer suffisamment en contact avec sa propre nature féminine primitive pour réussir à invoquer le plus fondamental de tous les démons féminins. Les participants peuvent être mâles, femelles, mixtes dans n'importe quelle proportion. Les applications de ce rite peuvent être très diverses. Du fait qu'il s'agit d'un travail combinant les énergies lunaires et saturniennes, on peut l'approcher comme une répétition rituelle d'union de sexe et de mort, assez proche de l'Invocation de Thanatéros de Peter Carroll dans son Liber Kaos. Tel qu'il est présenté ici, il s'agit d'un rituel de libération également employé pour engendrer de l'égrégore un Mot de Pouvoir dont se serviront par la suite les participants ; et donc la Déclaration d'Intention reflète ce dessein. La Déclaration doit être spécialement adaptée à l'expression des intentions d'un travail donné.

Le Rite :

0. De grosses bougies noires sont disposées en cercle autour du temple et allumées, on brûle de grandes quantités d'encens. La pièce doit être pleine de fumée.

1. Bannir avec le Petit Rituel du Pentagramme, le Grand Rituel du Pentagramme, le Vortex ou autre procédure souhaitée.

2. L'Opératrice Principale, nue sous la robe noire, prend position au milieu du cercle. Elle a le fouet dans sa main droite. Les autres participants s'assoient en cercle autour de l'O.P. La musique s'élève.

3. La Déclaration d'Intention est formulée par l'O.P. et tous les participants s'en font l'écho : " C'est notre Volonté d'invoquer l'égrégore de Lilith, afin que grâce à son esprit nous fassions l'expérience du pouvoir du Sexe et de la Mort, et obtenions son Mot de Pouvoir ! "

4. Le passage qui suit est récité par l'O.P. pour invoquer le personnage de Lilith dans son corps et son esprit : Toi la Reine des Succubes sur le charnier

funéraire, Serpente envoûteuse qui danse et éveille les créatures de la Nuit pour le Sabbat de Minuit. Toi l'Initiatrice du Sentier Tortueux de la licencieuse volupté et des Mystères de la Mort, du Sexe et du Sang. Toi qui viens dans les tempêtes des vents de l'Est telle une stryge volant sur tes ailes de chouette, entends notre appel et viens chevaucher les esprits de tes dévots ! Mère des vampires et de toutes les créatures assoiffées en la débauche charnelle des corps et des sens qui rôde dans la Nuit, possède tes élus ! Initie-nous aux arcanes du Serpent à la langue fourchue, aux mystères de l'Éros nocturne et du graal ensanglanté de la Mère de Minuit, danse et communie avec nous et emporte-nous jusque dans tes demeures de la Lune Noire.!

5. Les participants se mettent alors à chanter le mantra de Lilith. Comme ils chantent, l'O.P. doit sombrer dans une profonde transe gnostique et invoquer l'esprit de Lilith dans son corps. "De la chair elle mangera, et du sang elle boira ! " (on répète).

6. Comme le chant se poursuit, l'un des participants (le Second Opérateur) récite ce qui suit : "Elle est sombre, mais lumineuse ! Noires sont ses ailes, noires sur noire ! Ses lèvres sont rouges comme la rose, embrassant l'Univers ! Elle est Lilith, qui mène les hordes de l'abîme, et conduit les hommes à la ruine ! C'est Elle, l'irrésistible, qui comble tout appétit charnel, prophétesse du désir. C'est la première de toutes les femmes, Lilith et non Eve ! Sa main engendre la révolution du Vouloir et la véritable liberté de l'esprit ! Elle est KI - SI - KIL - LIL - LA - KE, Maitresse du Cercle Sabbatique ! Contemplez sa luxure et son désespoir ! "

7. Les participants se mettent à chanter " Lilith ! Lilith ! Lilith ! ", le répétant cependant que l'O.P. invoque l'égrégore Lilithien. A tour de rôle, ils se passent le scalpel, incisent leur pouce gauche et oignent de sang leur front. Puis ils se passent le calice (lequel est rempli de vin rouge) et le touchent de leur front à tour de rôle. Une fois ceci terminé, le calice est donné à l'O.P. qui le boit d'un seul trait. C'est le point culminant de l'invocation.

8. Si l'invocation est couronnée de succès, tous les participants devraient ressentir en même temps de l'effroi, du désir, et l'envie de se soumettre. Une hyper-respiration, forcée, ou une autre variante de la Posture du Mort devrait être employée pour augmenter le niveau de gnose de chaque participant, jusqu'à être proche de l'évanouissement. Comme les participants succombent à ces émotions, ils devraient tomber à terre et se prosterner devant Lilith.

9. Ce qui suit n'est pas spécifié, et est laissé à la volonté de l'égrégore. Elle peut choisir de fouetter les participants, de se moquer d'eux, de les attirer, de les séduire. Elle peut les contraindre à pratiquer entre eux d'innommables actes sexuels. Tous les participants doivent se soumettre à sa volonté, quelle qu'elle soit - il serait extrêmement dangereux de désobéir, gare au courroux de Lilith !

10. Pour finir, l'énergie du groupe commencera à décroître. A ce point, le Second Opérateur (poussé par le gardien si nécessaire) se lèvera, fera face à l'O.P. et récitera ce qui suit d'une voix autoritaire :

> *'Noire Lune, Lilith, sombre sœur,*
> *Dont les mains façonnent l'infernale fange,*
> *Lorsque je suis faible, lorsque je suis fort,*
> *Me façonnant comme le feu façonne l'argile.*
> *Noire Lune, Lilith, Jument de la Nuit,*
> *Tu mets au monde tes petits,*
> *Prononce le Nom et prends ton envol,*
> *Prononce de suite le son secret !'*

11. L'O.P., depuis les profondeurs de sa transe Lilithienne, criera un Nom, comme fit la légendaire Lilith lorsqu'elle proféra l'imprononçable nom de Dieu pour quitter l'Eden et gagner les cieux. On ne sait à l'avance ce que sera ce mot, mais ce sera très certainement un Mot de Pouvoir que les participants pourront, par la suite, employer dans leurs travaux magickes.

12. Si tout a été correctement effectué, l'esprit de Lilith s'enfuira hors de l'O.P. comme elle profère le Nom, et l'O.P. s'effondrera probablement au sol, épuisée. Le gardien ou le Second Opérateur tracera alors un Pentagramme, pointe en haut, au-dessus de l'O.P., et on lui lavera le visage à l'eau froide. Puis on l'appellera par son véritable nom jusqu'à ce qu'elle réponde.

13. On effectue les bannissements puis l'on ferme le Temple.

LES 5 ORGASMES FÉMININS

Extrait de "Lettre à Marianne"

Charles Reymondon

~

le 22 Août

Chère Marianne,

Je trouve ta lettre en rentrant de quelques jours en Saône-et-Loire chez la mère (où j'ai reçu la visite de gars de Mâcon qui veulent lancer un groupe SEXPOL dans le département).

C'est embêtant que tu sois malade. Enfin j'espère qu'il s'agit de convalescence.

Je ne suis pas sûr qu'il faille trop psychanalyser cet incident de parcours. Bien sûr il y a toujours quelque raison psychique à un problème somatique, notamment quant à la localisation (et je suis sûr que Reich à raison, sur dix points et plus, dans sa théorie de cancer, par exemple, mais particulièrement sur les motifs psychiques de la localisation). Mais on n'a certainement pas les moyens de trouver cette raison ; en trouverait-on une exacte qu'il y en a dix autres derrière. Le "narcissisme" psychanalytique, " de psychanalyse individualiste bourgeoise " dit ironiquement Reich va donc tout juste réussir à nous faire culpabiliser ceci... pour mieux se cacher qu'il faudrait culpabiliser cela... On ne sort donc pas de l'auberge, à chercher les causes ; la seule question est qu'elles régressent vitalement, toutes à la fois, par la santé globale de l'inconscient ; la vie procède par formes, esprit, rapports de tous les éléments de la matière vivante, et non par trifouillage technocratique en nous-mêmes, prétention à nous construire par notre propre maîtrise, en agissant sur tel élément après l'autre. Mettre notre corps-psyché au soleil, ou à l'ombre de la futaie près des sources d'eau vive ; s'y baigner, puis aller faire ce qu'on a à faire ; tel jour à tel moment. Bien sûr contrôler ses pulsions, à faire ceci ou cela. (...)

Je tiens à la formule : "Substituer au principe de plaisir (libido de premier niveau) le plaisir du principe de Réalité (intégration de soi à l'Harmonie naturelle des êtres)". La Réalité est toujours plus riche, immensément, et mieux organisée par Nature, que ce que nous en percevons avant le contact avec Elle. La responsabilité humaine du choix porte seulement sur les bons objets de relation, avec tout soi, conscient et surtout inconscient. On sait bien que telle réalité extérieure à nous est meilleure pour nous que telle autre, même quand le premier mouvement, ce qu'on "sent" ne nous y porte pas ; affaire du plongeon dans la piscine ; on est bien dès qu'on est dans l'eau, si le choix nous a dit ce jour-là qu'il était bon de se baigner.

Après, c'est l'eau qui fait le boulot en nous, notre relation, complexe en milliards d'éléments, et simple, dans la globalité naturelle vivante de l'eau et de nous ; tu choisis la relation avec "l'eau vive" de telle personne, tel animal, telle plante, telle chose, tel travail à faire de tout ton corps, ton cœur, ton intelligence, tel pantalon à coudre ou tel pot de pâté de lapin à faire, tel livre à lire, tel examen à passer ; alors tu te donnes toute entière à la chose, tu es "ad rem", " *tu fais ce que tu fais* ", selon la bonne devise latine "*age quod agis*"; quand tu as fini, et seulement quand c'est bien et complètement fait (ou bien que l'heure t'appelle à quelque chose de plus important, pour reprendre la première ensuite), alors tu vas faire autre chose.

Les "choses" sont bien organisée par la Nature ; c'est nous qui les désorganisons, par les idées subjectives que nous nous faisons sur elles, individuellement et par la mauvaise résonance en nous des idées folles de la conscience collective. Faisons résonner notre forme globale vivante, notre personnalité, notre "âme", esprit de notre matière vivante, avec la forme amoureuse vivante de la Réalité (je démontre dans mon livre " Musique du corps-social" - naturel, pas celui qu'on nous donne - que cette forme, Ame du monde, est toujours bisexuée, yang-yin, féminine-masculine, de l'atome à l'étoile, de la cellule au Cosmos habité). Le problème de la mise en harmonie de tout soi est le problème de la résonance de soi à la Réalité extérieure, où la relation avec chaque détail, s'il est réel, est analogue et de même Harmonie que la Nature réelle vivante amoureuse, érotique, orgasmique et féconde, de tout l'univers.

Il est évident qu'il n'y a d'amour particulier satisfaisant que s'il est significatif de tout l'Eros du monde. Ça ne veut pas dire qu'il faut "faire" l'amour avec le monde entier. Dans la forme amoureuse de l'Univers, chaque amour particulier a sa place ; mais il n'est satisfaisant que s'il est en accord, en concert, avec l'Amour total. C'est ainsi que j'entends "Musique du corps". Je ne connais pas d'amour véritable, entre qui que ce soit, s'il s'échappe égoïstement de la société humaine et de l'Univers tout entier. Chaque amour n'est satisfaisant que s'il porte l'intention de tisser le monde entier. "Début d'un grand tissu relationnel..."

Ceci éclaire la philosophie de l'orgasme. Ce que tu décris de ton expérience me paraît bon ; laisser venir, ne pas chercher son plaisir, aimer tranquillement que l'autre prenne le sien. C'est certainement cette tranquillité, disponibilité, décontraction, qui amène au niveau ultime de l'orgasme, et ce niveau ultime est "mystique" ou il n'est pas ; c'est à dire qu'il est pénétration de soi par le Sexe de l'Univers dans celui d'un seul partenaire. On ne se procure pas cela à soi-même, par volonté propre, et une technique. On n'est pas obligé de l'avoir à tous les coups, la seule responsabilité qu'on a est d'y être disponible. Si l'Univers veut, merci mon Dieu, s'il ne veut pas ; j'attends qu'il veuille.

Cependant tu as droit à l'orgasme clitoridien. Tu me poses des questions sur les niveaux de l'orgasme. Bien sûr que le clito est engagé à tous les niveaux, et qu'il faut autant que possible au moins sa détente complète à lui. Si, par fatigue nerveuse ou pour autre raison, ça ne vient pas, on peut s'endormir, ou aller faire autre chose. Mais la normalité est que la montée de ce désir à ce niveau aille jusqu'au bout. C'est pareil pour le pénis de l'homme. Je ne suis pas d'accord sur toutes les théories de "l'étreinte réservée", surtout motivée par la contraception sans drogues. L'étreinte réservée, se retenir le plus longtemps possible, pour l'homme mais aussi pour la femme, est bonne si le but est d'amener à l'extrême du désir, prolonger la relation amoureuse, développer toutes les harmoniques de la sensualité, non de la violence rageuse et rapide de la "possession" (la femme aussi, égale de l'homme, peut avoir ce désir de "violer", violenter, dominer un homme). Mais si, ainsi, il est bon de ralentir la venue de l'orgasme du premier niveau, pour ainsi permettre aux autres de se déclencher, ce n'est certainement pas pour supprimer ce premier niveau. Quand on est au bout de la rencontre, que c'est le moment de s'endormir, ou d'aller faire autre chose, ou bien on a atteint les autres niveaux, et dans ce cas le niveau clitoridien aussi ; ou bien il n'est possible, parce qu'on n'a pas le temps, parce qu'on est fatigué, etc., que d'atteindre la clitoridien ; alors il faut tâcher de l'atteindre ; le demander à la main, à la bouche du partenaire, si lui a déjà eu le sien et ne peut pas recommencer ; ou bien tu te le donnes à toi-même ; c'est un acte fort, vigoureux, actif et pas subi, ce que j'appelle pour mon compte la fonction mâle de la femme ; il ne faut pas être paresseux à ce niveau, "paresse sexuelle" ; la vie doit fonctionner ; c'est du moins ce que disent tous les bons moralistes et tous les psycho-sexologues compétents. L'erreur de toute une grande partie de la psychanalyse freudienne a été de dire que la femme accomplie sexuellement supprimait l'orgasme clitoridien, au profit du seul et passif "vaginal" ; ce n'est pas vrai ; c'est la femme esclave, cela ; la femme accomplie est celle qui à la fois retient son orgasme clitoridien d'adolescente masturbatrice, pour prolonger la relation, se donner à elle-même et à son partenaire toutes les harmoniques sensuelles de celle-ci, dans ce vrai rite et cette vraie prière qui tâche, par le sexe, de communiquer avec l'Univers vivant amoureux tout entier ; et puis aussi avoir, comme femme accomplie, une activité vigoureuse et nettement orientée à la "conclusion", acte mâle de la femme, en somme.

C'est cette double capacité, lenteur et aptitude à la "conclusion" qui est l'expérience tantrique traditionnelle, certainement la forme la plus avancée, bien que très ancienne dans les traditions, de la sexualité humaine, et la grande supériorité spirituelle de celle-ci sur la vie sexuelle simplement animale. Ces traditions et leurs rites sexuels tendent toutes à développer la puissance mâle de la femme, notamment par les changements de position ; l'homme ne s'humilie pas à la laisser mener la rencontre, adopter elle-même toutes les postures mâles, prendre toutes les initiatives. C'est quand il manque lui-même de vraie puissance, a peur de perdre devant elle sa capacité sexuelle, qu'il veut qu'elle soit passive, lui seul actif. S'il perd sa puissance, qu'est-ce que ça peut faire. Quand il sait en lui-même que sa partenaire n'est pas une ennemie ? et que 5 minutes après, ou le lendemain, elle n'aura pas du tout peur elle-même qu'il la retrouve, s'ingéniera même activement à la lui faire retrouver, pour son propre avantage à elle et à tous les deux ? Egalité des deux sexes, avec différence complémentaire des capacités, et certaines capacités tout à fait semblables, en particulier au niveau de la fonction clitoridienne.

Maintenant tu me demandes si l'orgasme "vaginal" existe. Mais oui, bien sûr. Il est intérieur, donc plus reçu qu'agi activement. C'est la plus grande richesse de la femme que de l'homme, lui n'ayant pas de vagin. L'orgasme "vaginal" a deux niveaux :

1. le premier tiers du vagin, seul innervé par le rythme ;
2. le col de l'utérus, entraînant la révolution émotionnelle de tout l'utérus lui-même.

Mais 2/3 supérieurs du vagin sont à peu près insensibles ; ils vibrent sans doute à l'orgasme, mais comme tout le reste du corps, quand l'orgasme réussit à le saisir tout entier. Certaines femmes rares, ont aussi un véritable orgasme des seins ; de toutes façons il est normal que les seins augmentent fortement de volume pendant la rencontre sexuelle, amoureuse ; mais chez certaines femmes, question de constitution, ils deviennent durs et tendus ; et alors se détendent rythmiquement, comme peut le faire l'utérus.

Tout cela n'est généralement possible qu'avec un partenaire avec qui on est très lié, qu'on connaît très bien, depuis longtemps (beaucoup de femmes disent qu'il leur faut au moins six mois pour retrouver tous les niveaux de l'orgasme, quand la vie les fait changer de partenaire, même si elles sont passionnément amoureuses de nouveau ; je crois que ceci est la vérité du corps, qui ne peut se raconter d'histoires ; on peut être passionnément amoureuse par du cinéma qu'on se fait, une illusion plaisante ; les niveaux supérieurs et de véritable communication à l'Harmonie universelle, eux, exigent la construction réelle d'un vrai couple, avec toutes ses difficultés, toute sa bonne volonté, tout son amour vrai, à base de confiance méritée, sécurité réelle donnée à l'autre, renoncement aux caprices adolescents, don de soi véritable).

Je ne sais pas le rôle que joue l'orgasme anal, par rapport au clitoridien ou aux deux niveaux du vaginal. Il n'est pas indispensable, pour atteindre au niveau ultime ; il est très favorable, cependant. Il est recommandé par l'expérience de toutes les grandes traditions sexuelles, et tous les moralistes judéo-chrétiens sérieux eux-mêmes, à commencer par le "Docteur Angélique", St Thomas d'Aquin, au XIIIème siècle. Je crois que je t'en ai parlé dans le plus gros document. A mon avis, son efficacité amoureuse vient de ce que la pénétration anale caresse le bulbe profond et les deux longues et larges branches internes bifides du clito. Ce serait donc essentiellement par "l'esprit" et la forme vivante du clito, que la pénétration anale, ou même simplement la caresse "de la rose et de l'œillet", mettrait tout le système sexuel féminin en état émotionnel orgasmique. Il est possible cependant (et seuls des psycho-structuralistes, connaissant la signification fonctionnelle de chaque détail du corps par rapport à sa forme d'ensemble, son "esprit" harmonieux d'ensemble, pourraient le dire), possible que la caresse ou pénétration anale, en plus de son élévation considérable de la capacité émotionnelle du clito, ait aussi action directe et indépendamment du clito sur l'orgasme cervico-utérin.

On a donc là les dits "5 niveaux" de l'orgasme. La finalité de toute l'organisation sexuelle est évidemment le cinquième niveau, et il est probable qu'une femme sur 10 000 l'atteint dans sa vie. Il exige tout un esprit et une éducation religieuse au lien (re-ligion) universel. (...) Or, sans cette atteinte à une sexualité religieuse, c'est à dire liée à l'Harmonie amoureuse de l'Univers tout entier, toute tentative de "libération de la femme" ne fait qu'augmenter le mal, créant et multipliant la "guerre des sexes", incitant la masculinité à la faire ; et alors il n'y a pas de raison que ça s'arrête, sinon par disparition totale des combattants...

La finalité de la sexualité humaine n'est pas d'abord la reproduction. Ce n'est pas essentiellement la fonction génératrice, génétique, bien qu'elle soit toujours féconde, gestation de quelque chose pour la richesse de la création, mais pas forcément d'un enfant. C'est d'ailleurs pour cela que la possibilité de faire l'amour en tout temps, particularité de l'espèce humaine seulement, ne peut donner un enfant que très peu de jours par mois chez une femme. On peut même se demander si, à la limite, une femme très affinée sexuellement n'engendrerait pas seulement à volonté ? même sa courte période féconde étant stérile du point de vue gestation d'enfant, si son inconscient ne le veut pas. La finalité essentielle de la sexualité humaine est la mise en forme de soi, du couple, en résonance la plus parfaite possible avec l'Amour, l'Eros, la Vie Universelle. Evidemment, cela n'est pas possible en dispersant sa sexualité dans le n'importe quoi. Je ne pense pas qu'une femme ait jamais pu atteindre le 5ème niveau de l'orgasme, résonance en elle de l'Amour de l'Univers, avec de simples "amants", même au cours d'une passion sexuelle très excitante. (...)

Il y a donc 5 niveaux de l'orgasme ; conduisant tous au 5ème, et à traverser pour l'atteindre ; on peut aussi, à chaque niveau, prendre la piste qui fait rester à ce niveau, s'égarer indéfiniment dans le désert... Mais à chaque niveau, les niveaux inférieurs sont engagés, donc toujours aussi le premier niveau, clitoridien, celui de l'adolescente masturbatrice.

On voit beaucoup moins clair, en sexologie scientifique et philosophique, sur l'orgasme masculin. Mais le fonctionnement et les finalités naturelles du féminin commencent à être très évidents.

1. Niveau clitoridien
2. Niveau vulvaire, périnéal et du premier tiers du vagin.
3. Niveau anal
4. Niveau cervico-utérin et utérin (pouvant entraîner extase de tout le corps)
5. Niveau "métaphysique", transcorporel, co-vibration avec la forme amoureuse de l'Univers tout entier. Quelque chose de para-psychologique et quasi de communion à une vibration amoureuse cosmique ; c'est un abandon au cosmos lui-même, et non seulement à l'homme qui est avec vous, un sentiment d'être aimé à l'infini et non seulement par un amant, le bonheur "céleste" du "corps astral", car tout le corps-psyché y est engagé.

Le dernier est une grâce qui certes aussi se mérite, mais qu'on ne se procure pas à soi-même et par volonté propre. Quand on ne l'a pas, il est sain d'assurer le plus possible les autres niveaux, à condition de savoir qu'il s'agit "d'esprit" dans tout cela, de "forme" du corps, "d'âme" du corps ; et que l'admiration pour les fonctions et organes et mini-organes que la Nature nous a donnés est, dans la plus petite chose, un respect de la Nature toute entière. Voilà du moins comment je conçois les choses. (...)

Je crois que je t'en ai assez dit aujourd'hui. Affections à ton ami. Encouragement à vous deux. Je t'embrasse. J'attends votre visite en commun (ou séparément si vous ne pouvez pas venir ensemble)

Charles

EK STASIS

Dans la nuit et la terre humide
je l'invoque,
Me fais temple à son impie office

Démon qui se blottit, je sens
son ventre d'acier ardent
frémir comme mille bûchers

Sa langue fourche, m'insuffle son soufre
Sa bouche mordante
absorbe mon intime rosée

Dans ses plates pupilles s'agite la fureur
de celui qui peut tout calciner

Nos entrailles pétries de lourdes caresses
La langueur afflue entre nos cuisses

Le frottement de nos luisances vermeilles
impulse dans nos nerfs des étincelles
qui s'épandent dans le cosmos.

Prise de tendre rage
je le dévore, le lèche, le mords

Et de cette chair
arrachée de mes dents
que je recrache dans l'humus
- décomposition fertile -
germent les fleurs turgescentes
d'une enivrante puanteur.

~

Dans le ciel aveugle mes hurlements
craquent comme la foudre
et effraient les oiseaux.

Tel le serpent dans une insondable faille
Il glisse aux confins
des replis de mon ventre
Et jusque dans mes profondeurs battent
les pulsations de son cœur de Bête.

~

Chevauchant en disciple de Lilith
je laisse s'égarer mon regard de velours affamé
sur la vallée charnelle et robuste
dans laquelle Il s'est incarné.

~

*Guidés par une force impérieuse,
hors de tout entendement
nos bassins balancent*

*Se fuyant pour mieux s'épouser
en de furieux élans
Danse magnétique qui percute
et joue la musique la plus primitive.*

*Irrésistible instinct gravé dans nos nerfs.
Nous ébattre à en manger de la terre.*

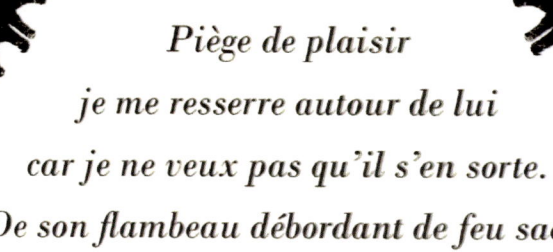

*~
Piège de plaisir
je me resserre autour de lui
car je ne veux pas qu'il s'en sorte.
De son flambeau débordant de feu sacré
je veux engloutir toute la connaissance.*

*Et dans les violents remous se crée une écume,
Mélange de nos nectars fuyant à mes commissures,
fusionnant nos fourrures en une toison de Rebis.*

Plus durement il s'enfonce
plus étroitement mon antre se clôt
sur cet obélisque indéchiffrable
pour me délecter de ses mystères

La fin du monde n'a jamais été aussi proche

Supplice intenable et délicieux
que de vouloir résister
à cet appel du néant.

L'étourdissement étend
son empire de chaos sur nos êtres
serviles à cet instinct de la jouissance suprême.

~

Celui qui divise
afin que toute oeuvre puissent advenir
prend plaisir à s'altérer
dans cette union à la puissance caustique.

Acérées, ses mains se pressent avec hâte
contre mes reins énergiques,
me suppliant d'en finir avec cette cruelle initiation.

Les yeux révulsés je me délecte
de ce pouvoir de mort qu'il m'offre sur son être
alors que je m'apprête à défaillir.

Ma sombre chevelure telle un lierre sur sa ruine
s'empare de son torse suintant le musc.

J'accueille tout de lui dans l'air moite de la nuit

Incandescence de nos pulpes qui fusionnent,
nos sexes enflamment la forêt,
Sanctuaire de sève odorante.

Le frémissement de nos fluides devient ébullition
et dans cette insupportable tension
explose toute substance.
Dans un dernier râle, éperdument
nous nous dissolvons.

~

Il n'existe plus d'Orient
Aucun astre pour nous guider
Là où nous sommes n'est plus un lieu
Nous ne sommes plus.

Décomposés dans ce temps aboli

Nous disparaissons
pour   fondre dans la plus infime
comme la plus ample
vibration des possibles.

Alors que tout est indifféremment dans tout, la conscience
n'a plus d'objet sur lequel se poser et se désintègre.

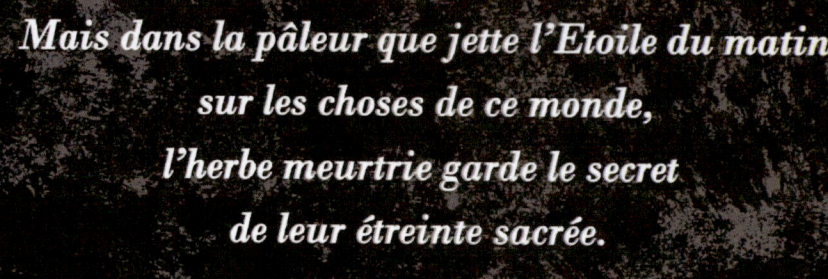

*Mais dans la pâleur que jette l'Etoile du matin
sur les choses de ce monde,
l'herbe meurtrie garde le secret
de leur étreinte sacrée.*

*Lia Vé, 2018.
Illustrations en linogravure artisanale.*

Contexte :

Dans l'enfance, elle ne laissait rien paraître des forces qui l'agitaient en corps et en esprit, se montrant discrète et bonne élève car elle savait que ses perceptions n'étaient pas communicables ni vécues par tous. Parmi ces expériences sur le seuil, des «daïmons» de bonne compagnie lui rendaient visite. Des énergies dionysiaques bénéfiques, sensuelles et joueuses (loin de toutes morales dogmatiques qui profanent les plaisirs des sens).

Plus tard, son approche philosophique de l'amour physique et psychique l'a menée à faire des recherches sur l'état d'extase mystique induit par la passion amoureuse, en s'ancrant dans des pratiques méditatives et rituelles.

En partant de ces deux types d'expériences n'ayant en commun que l'accès sensuel au mystique, elle a choisi de divaguer avec légèreté dans cette courte nouvelle. Les jeux d'évocation de la magie élémentale et alchimique sont une ode au processus à l'Oeuvre dans l'étreinte amoureuse : une transmutation commune dans l'altérité, dépassant l'identité dans l'atteinte d'un autre état de conscience. **La Petite mort est la plus Grande des résurrections.**

UN EXTRAIT DU 'JARDIN PARFUMÉ D'ABDULLAH LE SATIRISTE DE SHIRAZ'

Aleister Crowley

L'irrumation, avec l'un ou l'autre sexe, est peut-être la plus populaire de toutes les perversions sexuelles — ou des raffinements sexuels ? — connues en Occident.

Une célèbre pairesse anglaise d'origine américaine m'a aimablement fourni une liste des principales méthodes employées par le patient.[1] On verra qu'elles surpassent aisément les vulgaires expédients du *Kama Sutra*.

1. *Les Pattes d'Araignée*. — Chatouiller le pénis des doigts, des lèvres, de la langue, et des cils.

2. *La Drille de Feu*. — Frotter vigoureusement le pénis entre vos paumes à plat et perpendiculairement à son axe. Garder fermement le bout dans la bouche.

3. *La Souricière*. — Brouter et embrasser le pénis de tous côtés, comme le fait une souris d'un morceau de fromage. Se mettre soudain à le siroter dur et à expédier l'affaire, comme un piège qui se referme.

4. *Les Affaires sont les Affaires*. — Avaler le pénis entier, pomper furieusement en va-et-vient de la tête.

5. *Le Pivert*. — Mordiller le pénis de ses dents acérées.

6. *La Patelle* (ou *Bernacle*). — Sucer fort le gland, de façon à créer un vide (ce rude procédé de ventouse fait affluer le sang et ne manque quasiment jamais de produire l'érection).

7. *Le Souper d'Huîtres*. — Cracher sur le pénis et rattraper les « huîtres »[2] jusqu'à ce que viennent les « perles ».[3]

8. *L'Épi de Maïs*. — Sucer le pénis comme vous suceriez un épi de maïs (horizontalement).

9. *L'Asperge*. — Sucer le pénis comme vous le feriez d'une asperge (par le bout).

10. *L'Éternelle Idole*.[4] — Révérer le pénis ; frottez-le à votre front, etc., selon l'idée que vous vous faites de ce que devrait être un rituel.

11. *Le Méchant Garçon.* — Gifler méchamment des mains le pénis. Puis se faire câlin pour qu'on vous pardonne.

12. *Le Sculpteur.* — Mouler et pétrir fermement de ses lèvres et de ses doigts, comme un sculpteur modèle de l'argile.

13. *La Catapulte.* — Rabaisser le pénis et le laisser rebondir sur le ventre.

14. *Le Métronome* (pour deux patients). — Guider le pénis à sa racine du pouce et de l'index, le balancer d'une bouche à l'autre, en l'offrant à chacun des partenaires des deux côtés de l'irrumateur.

15. *Le Tourbillon.* — Avaler le pénis entier et faire rouler sa langue sur le gland.

16. *Parfait Amour* (Lady T.[5] ajoute qu'elle l'a appris de Mlle Marcelle, de la maison située au coin du Carrefour de l'Odéon, à Paris). — Sucer tout le scrotum et frotter le pénis contre son nez. Exciter en même temps les testicules de la langue, et l'anus du doigt.

(1) NDT : Le fellateur.

(2) NDT : Le fluide pré-coïtal.

(3) NDT : Le sperme.

(4) NDT : Singulier renvoi de l'auteur à une œuvre de son ami Auguste Rodin.

(5) NDT : Sans doute une perfide allusion à Lady Nancy Astor, qui devait être la première femme à entrer au Parlement britannique.

DU SANG, DES FLUIDES ET DES ODEURS

Soror Imperator

~

Si il y a bien un domaine qui envahit les esprits lorsqu'on explore les magies populaires, c'est celui du sexe. Vous avez sans doute pensé que j'allais parler de magie d'amour, pourtant elle n'est qu'un corollaire, une chaste conséquence, du moins si l'on en croit l'évolution des étagères des "botanicas" spécialisées en poudres et curios Hoodoo depuis le début du 20ème siècle.

On peut retracer les poudres d'amour telles qu'elles sont vendues actuellement jusqu'à 1917, dans une petite droguerie de la Nouvelle Orléans. Le propriétaire d'origine, d'abord pharmacien, ne croyait que peu en ces poudres pourtant populaires. De son propre aveu dans "Voodoo in New Orleans" de Robert Tallant, ses mélanges n'étaient rien de plus qu'un assemblage d'édulcorants de diverses sortes, de colorants roses, rouges et de quelques gouttes d'eau de roses. Au fil du temps, on retiendra les pétales de roses, la couleur rouge et les fragrances florales entre autres, symboles sages d'une appétence tout à fait correcte. Mais qu'en est-il réellement, ailleurs que dans les boutiques souvent trop policées ?

Le Hoodoo est un ensemble de pratiques magiques et de croyances afro-américaines, issu des religions afro-caribéennes qui se sont développées durant l'esclavage, des pratiques de magie des campagnes occidentales et de croyances et pratiques amérindiennes principalement.

Dans la magie populaire de pratiquement toutes les cultures, il existe des sorts qui utilisent nos effluves et détritus corporels, y compris le sac amniotique d'un bébé, la salive, le sperme, les larmes, l'urine, les excréments, les cheveux, les poils du pubis, et les coupures d'ongles. Cependant, en raison des tabous entourant le sang menstruel, les fluides sexuels et l'urine dans certaines cultures modernes, l'utilisation de ces fluides corporels particuliers peut être problématique pour ceux qui ne connaissent pas l'histoire de la magie populaire.
On retrouve leur emploi dans les magies européennes, principalement pour garder un partenaire. Pas besoin de rituel, de prière, juste un peu de sang menstruel dans une boisson chaude au petit déjeuner. L'idée est de pénétrer dans la sphère de conscience de la cible, de manière subtile et pérenne. Quoi de mieux qu'un peu de magie des phéromones ?
On retrouve le sujet dans le "Dry Southern Blues" de Blind Lemon Jefferson en 1926 :

"I can't drink coffee and the woman won't make no tea
I can't drink coffee and the woman won't make no tea
I believe to my soul sweet mama gonna hoodoo me"

La croyance que le sang menstruel peut lier un homme était telle dans la communauté afro-américaine pendant cette époque, qu'il était courant de refuser une boisson chaude, ou même un plat contenant une sauce brune, une lasagne ou un plat de pâtes de la part d'une femme qui n'était pas mariée. Il était aussi déconseillé de faire un cunnilingus à une femme durant ses règles, pour la même raison. Au-delà de l'idée de ne pouvoir ensuite être qu'avec une seule personne pour toujours, c'est l'idée du contrôle de la sexualité et de la suppression du libre arbitre via l'absorption du sang menstruel qui sont craints ici. On peut donc en conclure que c'est la façon la plus simple d'effectuer un envoûtement sexuel. Pas de promesses d'amour, de fidélité ou de romantisme, il suffit de miser sur l'animalité en chacun de nous, d'aller chercher les racines de ce qui nous lie.

Les personnes qui n'ont plus leurs règles en raison de la grossesse ou de l'allaitement, qui ont subi une intervention chirurgicale qui a mis fin à leurs cycles ou qui ont dépassé le stade de la ménopause n'ont évidemment pas de liquide menstruel à utiliser dans les périodes sexuelles. Leur meilleure alternative est d'utiliser des fluides vaginaux recueillis après la masturbation pendant la pleine lune. Dans le hoodoo et la magie populaire sicilienne, les fluides vaginaux constituent un bon substitut au sang menstruel dans les sorts d'amour.

L'urine est utilisée dans les sorts d'amour comme substitut rapide au sang menstruel, lorsque l'intention est de lier un amant. C'est particulièrement fréquent chez les jeunes femmes ou les femmes trop âgées pour avoir des règles, chez les femmes enceintes et celles qui, pour toute autre raison, ne menstruent pas. Les hommes peuvent également mettre de l'urine dans une boisson pour attacher une femme, bien que cela ne soit pas mentionné si souvent dans les textes et interviews de rootworkers, en particulier ceux du pasteur H.M. Hyatt.

Dans le Hoodoo, et dans le verbiage poli du vieux sud-américain en général, l'urine est souvent appelée «lessive de chambre» (chamber lye - lye désignant un liquide alcalin, ammoniac ou autre) ou «eau» (water). Peu importe comment vous l'appelez, l'une des plus anciennes traditions de rootwork consiste pour un joueur masculin à faire uriner son amante sur son sac mojo ou sa main chanceuse pendant qu'il joue. Si le joueur et son partenaire peuvent se retirer dans une ruelle pour exécuter l'acte pendant que le jeu est en cours, tant mieux. C'est ce qu'on appelle «nourrir le mojo», et l'utilisation du mot «nourrir» est, bien sûr, en lien avec la pensée magico-religieuse africaine, d'où cette coutume dérive. (Les magnétites sont également "nourries" dans le Hoodoo, avec du sable magnétique.) Les joueuses demandent rarement à un homme d'uriner sur leurs sacs mojo, donc, pour une raison quelconque, c'est l'urine féminine qui est considérée comme chanceuse dans ce cas. Je n'ai pas trouvé de sources pour étayer mes propos, mais quelques références de culture populaires parlent de "lucky women" ou de "unlucky women". Les femmes pourraient être considérées comme chanceuses par nature, ou au contraire, apportant le malheur. Mais n'est-ce pas un discours universel et vieux comme le monde ?

On retrouve cependant un rootworker dans une interview qui parle de l'urine d'un homme utilisée de la même manière que les femmes peuvent utiliser leurs fluides, c'est malgré tout plus rare :

10273. He takes and give her his urine to drink unbeknownst to her, like in beer or wine, and she won't even look at another man, won't have any nature towards any other man. That urine keeps her mine [mind] on that one man, her husband, when he is gone away from her, on a visit or somepin.

"Il prend et donne son urine à boire sans qu'elle ne le sache, dans de la bière ou du vin, et elle ne regardera même pas un autre homme, elle n'aura pas de "nature" envers un autre homme. Cette urine lui fait garder cet homme à l'esprit, son mari, quand il est loin d'elle, en visite ou quelque chose."

[New Orleans, Louisiane] in, Hoodoo Conjuration Witchcraft Rootowork de H.M. Hyatt

L'urine peut être cependant un point vulnérable. Votre "eau" peut vous causer de graves dommages si on la met dans une bouteille avec des piments et de la terre de cimetière. Le résultat sera des problèmes des voies urinaires, et des problèmes érectiles. On peut comparer le processus au nouage d'aiguillette de magie des campagnes. La seule façon de guérir est de trouver la bouteille et de la détruire, laissant l'urine s'écouler dans un feu.

À l'inverse, l'urine a ses forces - un homme peut utiliser sa propre miction pour guérir un cas d'impuissance qui lui a été infligé par magie. Uriner sur une lame de couteau et laisser l'urine courir sur le sol est l'une des nombreuses méthodes pour y parvenir. Une autre consiste à uriner dans un nid de fourmis rouges, toujours selon les interviews de H.M. Hyatt.

10271. If a person got chew fixed so yo' ain't got no manhood wit churself, yo' jes' go an' make water into a red ant's nest. It will freshen right up ag'in. Ah've lost mah nature mahself dat way an' ah've gained it back dat way. Dat's true about dat

"Si une personne vous a ensorcelée de sorte que nous n'avez plus aucune virilité, vous allez juste uriner dans un nid de fourmis rouges. Cela va vous rafraîchir de suite (dans le sens laver ? purifier ?). J'ai "perdu ma nature" moi-même ainsi, et je l'ai retrouvée ainsi. C'est la verité."

[Waycross, Georgie] in, Hoodoo Conjuration Witchcraft Rootowork de H.M. Hyatt

Toujours dans ses recueils, on trouve un "nouage d'aiguillette" façon Hoodoo. Ici c'est le sperme qui est utilisé. On appelle ça "lier (s)a nature". La nature de l'homme étant d'être coureur, sans doute…

[NDA : une fois de plus, c'est à remettre dans le contexte social et culturel populaire afro-américain des années 1930/44]

10262. Ah heard dey said yo' could take yo' discharge an' put it in a rag an' put it where no air kin git to it, an' put it in yore pillah, an' he cain't do nuthin off nowheres else, an' he'll have tuh stay home.

"J'ai entendu qu'on pouvait prendre vos fluides, les mettre dans un chiffon et les placer là où personne ne peut les prendre, et ensuite les mettre dans votre oreiller, et il ne pourra rien faire nulle part ailleurs, il devra rester à la maison"

[Fayetteville, North Carolina] in, Hoodoo Conjuration Witchcraft Rootowork de H.M. Hyatt

[NDA : les interviews ont été transcrites phonétiquement du Afro-American Vernacular Language, le pasteur Hyatt étant blanc et ne comprenant pas forcément ce qu'il écrivait. Des erreurs peuvent être possibles.]

La doctrine des Signatures est bien à l'œuvre ici. Doctrine ayant la part belle dans le Hoodoo, et disant que toute chose qui est analogue à, de par sa forme, son usage, sa texture etc… peut représenter tout ou partie d'une autre chose. On peut donc voir ici l'intérêt des fluides corporels, représentant la personne symboliquement, et représentant les organes précis auxquels ils sont liés. Faire absorber à l'autre un peu de soi-même, c'est le lier à soi indéfiniment. Et cela est vrai dans la plupart des magies populaires.

Mais ce n'est pas tout. La magie olfactive, et son pendant inconscient comptent aussi nombre de parfums et lotions, destinés à divers usages. On retrouve une formule qui existe depuis le milieu du 19ème siècle, d'un parfum qui s'appelle "Kiss me quick !", pour attirer les amants d'un soir… ou de plusieurs.

1 part d'extrait de jasmin
½ part d'extrait de violette
½ part d'extrait de rose
¼ part de teinture de vanille
¼ part de teinture de vétiver
½ part de teinture d'iris
¼ part de teinture de musc

Un peu d'huile de bergamote, d'huile de rose et d'huile de clous de girofle. Mélanger à un peu d'eau de rose.

Pour avoir essayé cette recette, l'odeur finale, bien que très florale et tout à fait dans le style des eaux de Cologne du temps, a aussi un fond très chypré, presque animal, sans doute grâce au musc et au vétiver. On reconnaît ici la volonté d'imiter tout autant un parfum à la mode que quelque chose de plus primal, de plus instinctif, comme si le parfum allait se substituer aux odeurs naturelles du corps, aux phéromones qui provoquent l'attirance, à une inconsciente magie biologique. De même ici, pas de rituélie particulière, si ce n'est celle de se parfumer à des endroits stratégiques comme derrière les oreilles ou à l'intérieur des poignets.

Finalement, qu'il s'agisse de la simplicité d'un peu de sang dans le café ou d'un parfum complexe et élaboré, le but recherché est le même depuis toujours. Et peu importe les poudres, les lotions, les rites compliqués, les curios et gri-gris qu'on peut vous vendre, les solutions les plus simples sont souvent les plus efficaces.

Aphrodisiaques Sombres : Le Songe de Lilith

Occvlta - Hector P. Varela & Júlia Carreras Tort

Il semblerait que l'humanité ait toujours eu un besoin impérieux d'exercer une domination sur le désir, la luxure et peut-être plus idéalement, sur l'amour. Certains produits animaux et végétaux étaient considérés comme ayant de l'influence sur nos sentiments et émotions : ces substances ont été désignées comme aphrodisiaques et anaphrodisiaques. Leur rôle dans la médecine, la magie, et le folklore a eu une telle importance durant la fin du Moyen-Âge et le début de l'ère moderne que leur usage a fini par être proscrit, car considéré comme une menace pour les autorités sociales et religieuses. Il est même devenu, avec le temps, une preuve d'alliance avec le Diable. Peut-être que le point de vue des persécuteurs n'était pas si éloigné de la vérité. Dans cet article, nous aimerions suggérer une approche différente de l'usage des aphrodisiaques, et les présenter comme des moyens de reprendre un pouvoir qui nous a été enlevé ; comprendre les aphrodisiaques comme des esprits alliés avec lesquels nous pouvons transgresser ce qui est communément inaccepté et ouvrir une porte vers une étape plus profonde de la réalisation de Soi. C'est, ce que nous, à Occvlta, avons décidé de nommer, les Aphrodisiaques Sombres.

Les Aphrodisiaques sont communément compris dans le monde ésotérique comme des amplificateurs de l'énergie sexuelle et amoureuse dans la dimension tangible, leur but tendant à être quelque peu mondain. On attend généralement des aphrodisiaques qu'ils aient un effet perceptible dans la disposition d'un individu à interagir avec les autres, ainsi qu'à satisfaire les besoins affectivo-sexuels d'une personne. Les Aphrodisiaques Sombres, tels que nous les comprenons, sont bien plus effectifs dans la sphère intangible, et plutôt que de nourrir nos désirs quotidiens, ils font usage nos peurs et de nos tabous pour les transformer en nos forces. Ceci les rend particulièrement appropriés aux travaux avec le surnaturel ou avec notre part d'ombre. Quand nous parlons d'une plante utilisée comme un Aphrodisiaque Sombre, nous nous focalisons sur son potentiel à nous apporter du pouvoir, ou à la connexion qu'elle peut nous offrir avec le monde invisible.

Les Aphrodisiaques Sombres utilisent nos conceptions de péché, d'hérésie et de tabou, et nous mettent au défi de leur faire face afin de les transformer en alliés. La perte de contrôle, la peur du rejet, ou le déni, par exemple, peuvent devenir nos guides et enseignants, et nous permettre de reconnaître nos pulsions primaires et nos désirs secrets, qui sont les plus vrais pour notre Moi profond. Nos idées personnelles de péché et d'hérésie deviennent, avec l'aide des Aphrodisiaques Sombres, des masques de transgression nous permettant de connecter avec un processus magique plus primitif et peut-être plus honnête. Afin de pouvoir exercer notre pouvoir sur les esprits, individus, et énergies de toute sorte, nous devons, d'abord et avant tout, analyser nos propres limites pour pouvoir ensuite procéder à leur destruction. Bien sûr, la transgression vient avec un prix élevé, car les processus magiques demandent une grande dépense d'énergie et un fort engagement, particulièrement quand les alliés spirituels sont impliqués.

Tout ceci peut sembler lointain et abstrait au praticien des arts magiques et sorciers, aussi prenons la verveine comme exemple d'Aphrodisiaque Sombre pour illustrer notre propos. La Verveine (*Verbena Officinalis*) est une plante médicinale de renommée et un puissant esprit allié pour ceux souhaitant alimenter leur feu intérieur et diriger leur volonté. Le nom Verveine vient du latin *verberare* "fouetter, battre", et renvoie au geste rituel de flagellation avec des rameaux ou des bouquets d'herbes pratiqué par les Romains dans l'antiquité, lors des cérémonies du solstice d'été. Ceci était réalisé dans l'intention d'enflammer les passions et la prédisposition à l'activité sexuelle des participants à la cérémonie. [1] Médicalement parlant, la verveine peut réguler le système nerveux et apporter de l'équilibre à un esprit anxieux ; elle a souvent été utilisée comme tonique nerveux dans les remèdes populaires. En magie et en sorcellerie, la verveine peut servir à dominer nos passions et à nous focaliser sur nos intentions, mais cette même verveine, utilisée comme Aphrodisiaque Sombre, peut aussi éliminer toute énergie parasite superflue, révélant ainsi notre volonté, afin que notre désir devienne invincible, tel un fléau ardent de fortitude. Ceci pourrait nous aider à détruire nos barrières énergétiques internes comme externes, tout en demandant que nous soyons consumés par ses flammes.

La différence entre l'usage médicinal, magique, aphrodisiaque et aphrodisiaque sombre de n'importe quelle substance (si elle existe) dépend presque entièrement de la disposition et de l'interaction du praticien avec son environnement. Néanmoins, les guides et autres compagnons spirituels ont aussi leur mot à dire, ils n'ont pas qu'une seule volonté et peuvent changer et évoluer, tout comme nous le faisons. La verveine, l'hellébore, la damiane etc. toutes les plantes maîtresses, tous les Aphrodisiaques Sombres, se manifesteront de façon différente en fonction du praticien. Pour cette raison, donner une liste de propriétés magiques ou d'indications d'usage serait inutile. En fait, il faudrait que s'établisse une symbiose significative et profonde entre l'esprit allié et le praticien.

Les Aphrodisiaques Sombres nous offrent la possibilité de soumettre et dominer toute forme-pensée, situation ou trait de personnalité qui pourrait nous limiter. Ceci peut être accompli par des pratiques de transe extatiques. L'extase, souvent atteinte par des intoxications extrêmes, le plaisir et la douleur, peut nous mener à une perte de contrôle totale, et ceci peut nous en apprendre énormément sur notre peur de liberté ainsi que sur notre incapacité à faire face aux obstacles. Il n'est pas surprenant que les attributs assignés aux déités liées à la transe extatique et la possession comme Pan/Silvanus ou Dionysos/Bacchus aient finalement été rattachés à l'égrégore du Diable. Le Diable a assumé, depuis l'époque médiévale, le rôle du tentateur, en plus de son rôle originel d'adversaire de dieu. Chaque fois que les limitations humaines sont détruites, l'individu fait un avec les divinités, et ceci est souvent désapprouvé par le dogme religieux.

Les Aphrodisiaques Sombres nous enseignent les bénéfices potentiels du contact avec certaines déités mineures ou entités surnaturelles souvent perçues comme parasitaires. Au lieu d'ignorer ou tenter de bannir ou d'exorciser des esprits potentiellement néfastes, il pourrait être intéressant de tenter de les dominer ou de les amener à s'allier avec nous. Ceci, bien évidemment, ne devrait être tenté que lorsque le praticien se sent totalement sûr de lui ou elle-même, il ou elle étant totalement conscient des risques que ce type de contact comporte. Les Aphrodisiaques Sombres sont sans surprise liés au monde des entités démoniaques telles que les succubes et les incubes. Les incubes et les succubes sont des entités nocturnes tenues pour responsables de cauchemars, de paralysies du sommeil, et de pollutions nocturnes, et sont souvent réputées se nourrir de l'énergie sexuelle des dormeurs. Et si au lieu d'investir notre énergie à tenter de les bannir, nous pactisions avec afin d'intégrer leur aptitude à se nourrir de sources d'énergie, ou de neutraliser les effets des attaques psychiques ou émotionnelles ? Ceci peut être particulièrement bénéfique pour les victimes d'abus qui, au lieu de chercher des entités magiques et sorcières protectrices, décident d'agir afin de devenir le dominant au lieu de la victime.

Lilith, mère des succubes, apparait ainsi comme la parfaite incarnation de ce que les Aphrodisiaques Sombres symbolisent. Il n'y a pas de doute sur le fait qu'elle a été une grande source d'attraction pour les praticiens de la magie et de la sorcellerie de l'ère classique et moderne. Lilith, harpie nocturne originelle, sorcière dans son aspect primitif et inhumain, était réputée apporter la mauvaise fortune aux communautés humaines et cannibaliser les nouveaux nés. Son rôle d'ambassadrice de la mort et de la nuit devrait cependant être compris comme potentiellement bénéfique pour ces mêmes communautés qu'elle attaquait. L'obscurité est un contraste nécessaire à la lumière du jour, tout comme la mort est ce qui définit la vie par opposition. Et Lilith offre un contraste plus que nécessaire aux concepts d'amour et d'affection. La manière dont elle a été représentée dans les religions Abrahamiques est celle de l'éternelle provocatrice, en quête d'un plaisir duquel aucun fruit ne naîtra, car son rôle n'est pas d'apporter la fertilité. Au contraire, elle se nourrit des fruits de la terre pour amener des plaies et des maladies.

La nécessité d'un adversaire sombre comme Lilith est rendue évidente dans presque toutes les mythologies du monde. Même Aphrodite, déesse grecque de la luxure et du désir - et non de l'amour, au sens commun – a été qualifiée par des épithètes sombres, parmi lesquels *Tymborychos* "Celle qui creuse des tombes" ou *Passiphaessa* "Brillante Reine des Enfers ". [2] Selon certains chercheurs, Aphrodite aurait également pu être considérée comme une des *moirae,* qui coupent le fil de la vie et gouvernent au destin des hommes. Bien qu'Aphrodite ait été aujourd'hui réduite à une déesse docile de l'amour et du désir, ses épithètes originaux plus sombres nous parlent du lien gardé secret entre le désir, le sexe, la mort et l'Autre Monde. D'une certaine façon, tous les Aphrodisiaques sont potentiellement des Aphrodisiaques Sombres car, tout comme les pouvoirs qui les gouvernent, ils offrent deux chemins au praticien.

Quand un praticien interagit avec les Aphrodisiaques Sombres, il ou elle choisit de poursuivre le Songe de Lilith. Telle est la danse entre le côté lumineux et sombre de l'existence, un éternel jeu de plaisir sacré et de douleur, qui nous mènerait autrement vers une destination inaccessible. L'intégration des aspects sombres ou menaçants de la nature apporteront du pouvoir au praticien afin qu'il ou elle puisse obtenir les clefs mystérieuses de la Transgression.

---

[1] Ramon Gausachs. *Les Herbes Remeieres*. Barcelona: Rafael Dalmau Editors, 2015: p.326.

[2] Mike Dixon-Kennedy. *Encyclopedia of Greco-Roman Mythology*. ABC-CLIO: 1998, p. 35.

Traduction française par Karlota Alevosía & Kazim

PRATIQUES POUR RITUELS TANTRIQUES

Robert G. Benson

~

1. L'Art de la Baise Vaginale (les avantages des exercices Kegel).

2. L'Art du Deep Throath.

***

1. L'Art de la Baise Vaginale (les avantages des exercices Kegel).

Au cours du processus de vieillissement, les muscles perdent tonus et élasticité. Pour ce qui est du vagin, il passe d'un état de passage serré, mais aisément élargissable, à un état de passage détendu à force d'avoir été élargi. Il en résulte moins d'excitation pour le mâle comme pour la femelle. Le muscle PC (pubio-coccygien) gère toute la zone pelvienne ainsi que l'ouverture de l'anus comme du vagin. De fait, il gère environ un tiers du passage vaginal, et au cours de l'orgasme il se contracte naturellement en une série de mouvements rythmiques inférieurs en durée à une seconde. Avec l'âge, et spécialement après la naissance d'un enfant, il se peut que ce muscle perde du tonus, ce qui est la raison des pertes urinaires involontaires pour les vieilles femmes.

Les "Exercices de Kegel" furent à l'origine élaborés par le Docteur Arnold Kegel afin de fortifier le tonus musculaire du muscle PC, en vue de réduire l'incontinence urinaire. De nos jours, ils sont également enseignés, dans les cours d'accouchement naturel, car ils constituent une aide. Cependant, un effet inattendu de ces exercices est que la pénétration vaginale s'en trouve considérablement améliorée. Beaucoup de femmes les ayant pratiqués un mois ou deux signalent un plaisir accru ainsi qu'une augmentation de la sensibilité de la zone vaginale. Les femmes peuvent devenir expertes dans ces exercices, durant une relation sexuelle, afin de grandement augmenter le plaisir et de parfaire leurs aptitudes sexuelles lors de rituels tantriques.

Le muscle PC n'est pas aisément repérable par la sensation, et n'est pas aisément contrôlé. Il faut de la pratique pour fortifier le muscle comme pour en obtenir le contrôle. Avoir un muscle PC plus tonique augmentera les sensations durant les rapports, mais cela peut être amélioré plus encore. Au cours du rapport sexuel, la femme peut délibérément comprimer et masser le pénis de diverses manières, rendant ainsi le rapport plus sensuel. Ces pratiques trouveront donc une place particulière dans le cadre de rituels où des divinités représentant la dimension du féminin sacrée et de sa sexualité sont invoquées. Il n'est pas ardu de maîtriser les exercices Kegel, mais il faut s'y investir.

Repérer le muscle PC

Il y a deux manières de "trouver" le muscle PC. L'une d'entre elles consiste à se tenir dans la douche et uriner. Lorsque vous tentez de stopper le jet, vous employez le muscle PC. Si l'on vous dit de "resserrer le cul" en "pressant en bas", c'est très probablement la même chose. Vous pouvez également être en position couchée et insérer un doigt dans votre vagin : lorsque vous contractez le muscle PC, vous devriez ressentir la crispation autour de votre doigt. Plus forte est la contraction, plus fort est votre muscle PC. Lorsque vous contractez le muscle PC, votre anus devrait lui aussi se contracter, mais si vous sentez vos cuisses, votre estomac ou vos fesses se contracter eux aussi, c'est qu'alors vous employez d'autres muscles en plus du PC.

Exercices

La pratique routinière de base consiste à pratiquer chaque exercice au moins trois fois par jour, ce qui est le minimum. Vous devriez normalement débuter avec dix répétitions et, comme vous vous améliorez, en augmenter le nombre jusqu'à aisément atteindre vingt répétitions lors d'une seule série. Si la routine crée un important malaise, réduisez le nombre de répétitions mais tentez de continuer les exercices. Des muscles non exercés deviennent généralement engourdis &

endoloris lorsqu'ils s'exercent pour la première fois. Ne tentez pas d'en faire trop, et au bout de quelque temps cette sensation disparaîtra.

Quand & Où pratiquer les Exercices Kegel

Ces exercices peuvent être pratiquement effectués à n'importe quelle heure du jour, du fait qu'ils sont virtuellement indétectables. De bons endroits pour les pratiquer : en voiture, derrière un bureau, en regardant la télévision. Notez qu'une fois que le muscle a été développé via l'exercice, sa tonicité peut aisément être maintenue par une simple routine d'entretien. Vous pouvez faire en sorte que cela s'intègre à votre routine quotidienne, en vous brossant les dents ou en prenant votre douche.

Exercice 1 : la Contraction de Trois Secondes

Contractez le muscle PC durant trois secondes, relâchez durant trois secondes, puis contractez à nouveau durant trois secondes. Ceci est une seule répétition, répétez autant de fois qu'il faudra. Si le muscle est très faible, vous n'arriverez pas à tenir trois secondes. Si tel est le cas, faites de votre mieux et avec le temps vos performances s'amélioreront.

Exercice 2 : la Contraction Palpitante

Elle est semblable à la Contraction de Trois Secondes, hormis qu'au lieu de tenter une contraction longue et forte, vous tentez de contracter et relâcher aussi vite que possible, à l'image d'un papillon battant des ailes. Cela vous troublera très certainement : vous ne saurez pas tout à fait ce que vous êtes en train de faire. Et donc ne tentez pas de le faire trop vite, allez-y lentement jusqu'à ce que vous sentiez bien ce que vous faites, puis augmentez graduellement la vitesse.

Exercice 3 : la Contraction Aspirante

Au cours de cet exercice, imaginez qu'un tampon se trouve à l'entrée de votre vagin, et tentez de l'aspirez dans ce dernier. Optez pour une contraction de 3 secondes. Certaines femmes arrivent à pomper l'eau de leur bain en faisant de la sorte.

Exercice 4 : la Contraction Ejectrice

Cet exercice est simplement l'inverse du précédent. Il s'agit ici de pousser, un peu comme lorsque l'on chie, sauf qu'ici c'est plus concentré sur la zone vaginale. A nouveau, une contraction de 3 secondes. Cet exercice est celui qui est le plus décelable par un observateur extérieur.

Performance Sexuelle de Haut Niveau

L'on dit que les femmes qui deviennent vraiment expertes dans le contrôle de leur muscle PC peuvent amener un homme à l'orgasme en demeurant assises à califourchon sur lui, immobiles, massant son pénis uniquement à l'aide de leur muscle PC. Ainsi, grâce aux exercices Kegel, une simple pénétration pourra être transformée en une expérience extatique qui potentialisera tout le potentiel d'un rituel tantrique. La femme se servira alors de sa maîtrise vaginale pour son plaisir comme pour celui de son partenaire, mettant en avant par ses mouvements tout le pouvoir magique et symbolique de son yoni lors de la pénétration.

***

2. L'Art du Deep Throath

Le nom Deep Throath désigne une pratique sexuelle assez inhabituelle. C'est une pratique particulièrement basée sur la domination masculine car elle ne stimule directement aucune zone érogène féminine, et place en outre la femelle dans une position très dépendante et très vulnérable. En conséquence, cette pratique interpelle généralement ceux qui désirent vivre une intense expérience sexuelle mâle dominant/femelle soumise. Le nom Deep Throath ("Gorge Profonde") est approprié car le phallus de l'homme pénètre véritablement l'arrière-gorge de la femelle. Cette technique est la plus profonde pénétration possible pour ce qui est du sexe oral. Elle pourrait être utilisée dans des rites où le masculin sacré et le phallus sont honorés, et pourquoi pas suivre ou précéder un rituel yonique utilisant les exercices de Kegel.

Cette technique exige une certaine pratique, une certaine coordination, pour fonctionner bien, aisément, car lorsque le phallus est à fond en elle, la femelle ne peut pas respirer. Elle ne peut aspirer ou expirer que lorsque le phallus se retire - autrement elle demeure totalement immobile. Et donc, s'entraîner et prêter attention aux mouvements de l'homme est capital.

Du point de vue masculin, cette pratique procure des sensations très agréables, dont la profondeur de pénétration. Cela procure également de très forts sentiments de domination du fait du haut niveau de soumission et de coopération exigé de la femelle. Du point de vue de cette dernière, tous les avantages proviennent de son imagination ainsi que de son rôle de soumise satisfaisant le mâle.

Cette pratique est une variante très intéressante de la fellation ordinaire en ce qu'elle est d'une telle nature dominant/soumise. Avec un peu de pratique, un couple pouua maîtriser l'art du Deep Throat et l'intégrer à son répertoire.

Comment ça Marche ?

Le "truc" qui fait que cette pratique fonctionne est tout entier dans la préparation. C'est réellement basé sur les mêmes histoires que celles des avaleurs de sabres, tout simplement. Lorsque la tête et la gorge se trouvent dans leur position normale - à angles droits l'une de l'autre - il est impossible d'insérer une longue épée dans la gorge. Néanmoins, si vous levez le menton, autant que vous le pouvez pour mettre en ligne droite bouche et gorge, vous ouvrez un passage.

Donc, pour se préparer physiquement au Deep Throat, il convient d'adopter la position corporelle adéquate. Choisissez un lit, ou autre surface plate, installez-y la femelle sur le dos. Sa tête doit être positionnée de sorte à ce qu'elle repose sur l'un des bords, bouche et gorge étant en ligne droite lorsqu'elle ouvre la bouche.

Les seules complications ont rapport à l'environnement. Si sa tête est suffisamment supportée (un lit ou un divan peuvent être OK mais une table de cuisine non, à moins de rajouter des coussins ou autre). La hauteur du lit est-elle suffisante pour que le mâle puisse positionner son phallus de manière à atteindre directement la bouche ? Si la bouche et la gorge sont en ligne droite, le phallus devrait l'être également. En gros, toute cette préparation physique, ce sont certaines manoeuvres, des essais, des erreurs de positionnement. Pour les femelles déjà expertes dans cette pratique, une position canine où leur tête est levée aussi haut que possible peut également bien fonctionner, mais c'est une question de pratique comme de physiologie.

La partie la plus dure de cette pratique, c'est en vérité d'harmoniser le rapport mâle/femelle. Tous deux doivent agir de concert. La femme sera avant tout attentive à ses exigences respiratoires. L'homme sera avant tout attentif à effectuer des mouvements uniformes, prévisibles, et à contrôler la situation en général. Comme le rythme s'accélérera, tous deux s'adapteront l'un à l'autre jusqu'à l'orgasme. Le mâle peut ou éjaculer dans la gorge ou se retirer et décharger sur le visage.

Vaincre un Violent Réflexe de Haut-le-Coeur

Certaines femmes peuvent ressentir un réflexe de haut-le-coeur particulièrement fort. Comment le surmonter ? Une bonne partie du processus est mental. Il est évident qu'elle peut avaler des morceaux de nourriture plus gros que des pilules. Le problème réside donc dans son esprit.

Comment donc le régler ? Notez que d'un point de vue pratique, le fait d'être étendue réduit le réflexe de haut-le-coeur. Et donc, n'en déduisez pas automatiquement qu'il y aura un problème car ce réflexe peut disparaître. S'il subsiste, il y a trois manières permettant de le résoudre.

La technique la plus simple, la plus basique, consiste à s'assurer qu'elle y prend vraiment plaisir et qu'elle n'est pas en train de flipper dans sa tête. Assurez-vous bien qu'elle s'intéresse vraiment à cette pratique. Echauffez-la mentalement. Vous pouvez la préparer en la faisant simplement lécher et sucer le phallus, la préparant mentalement à ce qui va suivre. C'est l'approche la plus rapide et la plus simple, mais elle ne fonctionne pas toujours.

Une approche plus sophistiquée consiste à la programmer subconsciemment. C'est comme de l'auto-hypnose. Cela demande plus de préparation à l'avance, et exigera plus de séances de programmation pour fonctionner.

La dernière technique est celle de l'adaptation physique. Son fonctionnement est presque garanti, mais cela peut prendre un certain temps. Prenez un olisbos et insérez-le dans sa bouche. Elle devra s'entraîner avec cet objet. Elle doit l'enfoncer PRESQUE jusqu'au point d'atteindre le haut-de-coeur, mais elle ne devra pas aller trop loin et provoquer une réaction négative. Elle devra le laisser dans sa bouche jusqu'à ce qu'elle commence à se sentir un peu mal à l'aise, puis le reculer jusqu'à ce que cela redevienne à nouveau confortable. Si elle en fait trop, elle peut avoir envie de l'enlever entièrement. C'est OK, mais elle devra le remettre dans sa bouche dès qu'elle se sentira à nouveau prête. Dans l'idéal, elle devrait le laisser dans sa bouche et le mouvoir lentement vers l'intérieur puis lentement vers l'extérieur, essayant graduellement de l'enfoncer de plus en plus loin. Ce qui est capital, c'est d'y aller gentiment, progressivement, car seule une approche graduelle triomphera de son problème. Grâce à cette technique, elle pourra désensibiliser sa gorge comme son esprit.

Traduction française par Philippe Pissier

LA LUCIDITÉ ÉROTO-COMATEUSE

Frater D. et Soror L.

~

« Homme, sois fort ! Jouis de chaque chose et de chaque extase, sans craindre qu'un Dieu doive te condamner pour cela » - Aleister CROWLEY - *Liber Legis*.

Nous allons parler ici de sexe Satanique, et Aleister Crowley, malgré sa non-appartenance au Satanisme, est sans doute la personne qui l'a le plus influencé, autant dans sa forme rationaliste que théiste.
Initié dans le taoïsme et le tantrisme, Crowley a puisé inspiration et expériences dans ces traditions orientales et développé des rituels sexuels très poussés et fort complexes, mais aussi rudement pervers.
Ce qu'il cherchait était d'adapter ces techniques au à la culture et au mode de vie occidentaux (et bien sûr à son propre enseignement thélémite). Il était conscient que pour les personnes n'ayant pas les valeurs culturelles ni la croyance profonde dans la théologie hindouiste ou taoïste, les pratiques orientales n'allaient pas fonctionner.
C'est ainsi qu'il a développé ses propres rituels, et sa technique était celle de l'excès ! Il fallait parvenir, dans l'orgasme et l'ivresse à un état d'épuisement… compatible avec le fait de pouvoir continuer à vivre ! Tout cela en mettant au centre l'amour, la volonté et l'exacerbation d'un Ego sacralisé et surdimensionné (à la manière du surhomme nietzschéen).

On peut penser qu'Aleister Crowley préconisait des pratiques dégénérées plus ou moins perverses, mais ceci était uniquement dans le but de pousser les limites de l'esprit et de la conscience. De faire sortir les adeptes de leur zone de confort, là où la véritable initiation et le développement personnel commencent.
Les pages qui suivent présentent une de ces techniques appelée « Lucidité Eroto-Comateuse ». Cette pratique peut être utilisée par une personne sataniste ou non-sataniste pour stimuler l'inspiration et l'imagination, afin d'accomplir par exemple divers actes créatifs (musique, dessin, écriture…).

Lucidité éroto-comateuse

La lucidité éroto-comateuse est une technique de magie sexuelle formulée en 1912 par l'occultiste anglais Aleister Crowley. La technique comporte plusieurs variantes et est utilisée de différentes manières par diverses communautés spirituelles. La forme courante de ce rituel emploie la stimulation sexuelle répétée (sans atteindre l'orgasme physique) afin de placer l'individu dans un état situé entre le sommeil et l'éveil complets. Ainsi, l'épuisement permettra au pratiquant de communier avec son dieu ou son moi-intérieur.

Le rite

Le rituel décrit par Crowley comprend un sujet appelé « voyant ritualiste » et plusieurs aides. Plus ces dernières seront sexuellement expérimentées, meilleurs seront les travaux rituels. Les aides sont habituellement du sexe opposé, mais d'après des connaisseurs dans le domaine, l'activité homosexuelle et la présence d'assistants du même sexe que le ritualiste constituent le stade le plus élevé de cette pratique.

Dans la première partie du rite, les assistants cherchent à plusieurs reprises à stimuler sexuellement le ritualiste et à l'épuiser. Ce dernier est généralement passif à cet égard. Il existe un désaccord, chez les adeptes, sur le fait de savoir si l'excitation sexuelle est suffisante ou si l'orgasme doit être finalement atteint : Crowley et d'autres affirment que l'orgasme doit être évité, bien que les pratiquants ultérieurs aient finalement conclu qu'il n'est pas nécessaire de s'abstenir. Néanmoins la plupart d'entre eux conviennent avec Crowley que tout moyen d'excitation peut être utilisé : La stimulation physique, la stimulation génitale, la stimulation psychologique, certains dispositifs comme les jouets sexuels, ou des drogues (haschisch, marijuana ou d'autres aphrodisiaques). Il doit y avoir suffisamment d'assistants pour qu'en cas de fatigue de l'un d'eux, un autre puisse prendre sa place.
Enfin, le ritualiste finira par s'endormir, épuisé.

Dans un deuxième temps, les assistants cherchent à rapprocher le ritualiste de l'éveil par la stimulation sexuelle seule. Le but n'est pas de le réveiller complètement, mais plutôt de l'amener au bord de l'éveil. Tous les auteurs ne sont pas d'accord sur le fait que le voyant-ritualiste doit ou non se trouver dans un état situé entre sommeil et veille, certains estimant que l'épuisement seul peut mener à une transe, ou « sommeil de lucidité ». Le ritualiste ne doit être ni trop fatigué ni trop mal à l'aise. Une fois que le sujet a atteint un état de quasi-éveil, la stimulation sexuelle doit cesser. Il est alors autorisé à sombrer à nouveau vers le sommeil - mais pas dans le sommeil complet. Cette étape est répétée indéfiniment jusqu'à ce que le ritualiste atteigne un état intermédiaire, dans lequel la communication avec une puissance supérieure pourra avoir lieu. Certains disent que l'objectif pendant cette phase n'est pas de se « perdre » dans un état de transe, mais de rester ouvert et conscient sans chercher un résultat précis. Le ritualiste peut également effectuer un travail spirituel dans cet état ou assister à des événements mystiques. L'épuisement n'est pas forcément nécessaire pour le ritualiste qui est « corporellement pur », ajoute Crowley.

Fin du rituel

Le rite peut se terminer de deux manières. Le sujet peut atteindre l'orgasme puis sombrer dans un sommeil profond et « non perturbé », ou bien s'endormir directement. L'épuisement sexuel atteint par un orgasme répété peut également le conduire à un état rituel et ne met pas nécessairement fin au rite. Le moment orgasmique peut être utilisé à des fins spirituelles ou magiques.

A son réveil, le voyant-ritualiste pourra, par exemple, écrire tout ce qu'il a vécu, vu ou entendu.

Crowley souhaite également que, lorsque le rituel est effectué par des hommes, tout sperme (ou « élixir ») produit par l'orgasme soit consommé par le ritualiste, éventuellement dans une « Hostie de Lumière » (« Cake of Light »).

Pratique du rituel par l'*Ordo Templi Orientis*

Pratiqué par l'*Ordo Templi Orientis*, le rite est tout aussi simple, pratiqué en solo. Dans cette version, l'individu isolé se masturbe à plusieurs reprises jusqu'à atteindre l'orgasme, visualisant le but recherché.

Rites similaires

Il existe un rite d'épuisement sexuel similaire décrit par Crowley, qui ne mène pas à la communion spirituelle mais à une sorte de vampirisme. Dans ce rite, les assistants n'utilisent que leur bouche pour épuiser sexuellement le sujet, et leur intention n'est pas de l'assister mais plutôt de transférer la force magique du ritualiste à eux-mêmes.

Michael W. Ford propose également des rites alternatifs. Son concept de luciférisme intègre les idées de Crowley sur l'épuisement sexuel, mais conclut que c'est la volonté du ritualiste qui incite l'esprit à se lier avec la puissance supérieure : « *Dans le rituel de Lilith, la pièce doit être drapée de pourpre et de noir ; une atmosphère appropriée est créée par une musique qui inspire des émotions sombres, ou qui contient des chants ou des sons horrifiques ; des images de Lilith, Lilitu ou succubes sont mises en place dans la pièce. Dans le rituel de Caïn, la salle et le ritualiste sont ornés de fétiches du Dieu Cornu et de symboles de Caïn. La musique du Moyen-Orient est la plus appropriée* ».

Histoire du rite

Bien qu'Aleister Crowley soit le premier à documenter le rituel, il est possible qu'il lui ait été transmis par une élève féminine.

Par ailleurs, d'autres auteurs ont conclu que le rite pouvait être retracé beaucoup plus tôt : L'historien occulte Allen H. Greenfield a observé qu'il existait un intérêt profond pour la magie sexuelle et le sexe en tant qu'outil spirituel, qui aurait commencé au début du XIXe siècle et se serait construit tout au long de cette période. Un certain nombre de rites et de pratiques sexuelles spirituelles auraient été soit redécouverts, soit créés au cours du siècle.

Dans son ouvrage *De Arte Magica*, Crowley écrit que la Lucidité eroto-comateuse est également appelée le « sommeil de Siloam », mais Allen Greenfield et Newcomb notent que ce rite est antérieur à Crowley. Ils soulignent que Paschal Beverly Randolph (« *sans doute la figure la plus importante de la montée de la magie sexuelle moderne* ») avait appelé cet état rituel le « sommeil de Sialam », et avait abordé cette notion pour la première fois dans *Ravalette*, son ouvrage de 1873, mais le décrivait à l'époque comme une transe prophétique unique se produisant une fois par siècle. Dans des écrits plus récents, Randolph emploie ce terme pour désigner une forme de sommeil clairvoyant utilisé pour comprendre les choses spirituelles.

Helena Blavatsky aurait peut-être aussi enseigné cette technique sous le nom de « Sleep of Siloam ». Dans son ouvrage de 1877, *Isis Unveiled*, Blavatsky écrit que la transe doit être induite par la drogue plutôt que par l'épuisement sexuel. Dans *La Doctrine Secrète* de 1888, elle ajoute que l'état rituel permet à l'individu de communier avec les dieux, de descendre en enfer ou d'accomplir des actes spirituels.

Les traditions orientales au sein du taoïsme et du tantrisme incorporent également des rituels sexuels similaires. Différentes formes de la pratique dite *Coitus Reservatus* ont été exercées dans le passé, pas seulement à des fins magiques mais aussi pour consolider les couples et mettre en valeur le rôle de la femme dans l'acte sexuel. Le *Coitus Reservatus*, également appelé *karezza*, est une pratique sexuelle au cours de laquelle, lors d'une pénétration, le partenaire pénétrant ne tente pas d'éjaculer à l'intérieur de la personne pénétrée, mais s'emploie au contraire à retarder autant que possible le moment de l'éjaculation, voire à l'éviter complètement.

Le *Coitus Reservatus* a été pratiqué en Chine ancienne et peut-être dans l'Inde ancienne. En Occident, cette pratique est évoquée pour la première fois aux États-Unis par John Humphrey Noyes, un socialiste utopiste qui intègre cet exercice sexuel aux valeurs qu'il développe pour sa Communauté d'Oneida : en 1872, dans son pamphlet *Male Continence*, il présente les bienfaits de la rétention de l'éjaculation chez l'homme. Le concept est repris par la gynécologue Alice Bunker Stockham, qui lui consacre un livre, *Karezza*, en 1896 ; elle aborde également cette pratique sous un angle ésotérique, mais de façon plus pragmatique, en la présentant comme bénéfique pour l'entente spirituelle au sein des couples et propice à un meilleur contrôle des naissances.

Le rituel tel que formulé dans *LIBER CDLI* (451), Class B, Chapitre 15 du Liber CDXIV

De la lucidité éroto-comateuse.[2]

Le candidat est préparé à l'épreuve par un entraînement sportif et un festin. Au jour fixé, il est assisté par une ou plusieurs aides choisies et expérimentées dont le devoir est (a) de l'épuiser sexuellement par tout moyen connu et (b) de l'exciter sexuellement par tout moyen connu. Chaque dispositif et artifice de la courtisane est à employer, ainsi que tout stimulant connu par la médecine. Les assistants ne doivent pas craindre le danger, mais traquer impitoyablement la proie qui leur est désignée.

Enfin, le candidat sombrera dans un sommeil d'épuisement total, ressemblant à un coma, et c'est à ce moment que la délicatesse et l'habileté devront être exquises. Tirez-le de son sommeil par une stimulation définitivement et exclusivement sexuelle. Toutefois, si cela vous convient, une musique judicieusement réglée vous aidera.

Les assistants veilleront avec assiduité aux signes de réveil ; c'est au moment où ceux-ci se produisent que toute stimulation doit cesser immédiatement, et le candidat est autorisé à se rendormir ; mais à peine ceci se sera-t-il produit que la pratique précédente sera reprise. Cette alternance doit se poursuivre indéfiniment jusqu'à ce que le candidat se retrouve dans un état qui n'est ni le réveil, ni le sommeil, et dans lequel son Esprit, libéré par l'épuisement parfait du corps, mais néanmoins empêché d'entrer dans la Cité du Sommeil, communiera avec le Très Haut et le Très Saint Seigneur Dieu de son être, créateur du ciel et de la terre.

L'Épreuve se termine par un échec - l'avènement d'un sommeil invincible - ou par un succès, dans lequel le réveil ultime est suivi d'un accomplissement final de l'acte sexuel. L'initié peut alors être autorisé à dormir ou la pratique peut être renouvelée jusqu'à ce que mort s'ensuive. La meilleure mort est celle survenant durant l'orgasme, et on la nomme *Mors Justi*.

Car il est écrit : « *Laisse-moi mourir de la mort des Justes et que ma dernière fin soit comme la sienne !* »

LA FILLE DE LA FORTITUDE

John Dee & Edward Kelley

Ce texte fut reçu par Edward Kelley et John Dee en 1583 lors de leur exploration du 7ème Aethyr de Deo. Il est probablement l'une des plus belles transmissions reçues par les deux mages et constitue sans doute la première trace de la réapparition de l'hypostase de la prostituée céleste que Crowley identifia plus tard sous le nom de Babalon.

~

Je suis la Fille de la Fortitude, et exaltées sont les heures depuis ma jeunesse. Car vois, je suis la Compréhension et la Science réside en moi, et les Cieux m'oppressent. Ils me convoitent et me désirent d'un appétit infini, bien que peu ou presque aucun de la Terre ne m'ait jamais embrassée, car je suis voilée par le Cercle des Etoiles et enveloppée des nuages du matin.

Mes pieds sont plus agiles que les vents, et mes mains plus douces que la rosée à l'aube. Mes vêtements sont du Commencement, et ma demeure est en moi. Le Lion ne sait pas où je marche, pas plus la bête des champs ne peut-elle me comprendre. Je suis déflorée et toujours vierge, je sanctifie et ne suis point sanctifiée. Heureux est celui qui m'embrasse, car dans la saison des nuits, je suis douce, et dans la journée, ravissement de délices. Ma compagnie est une harmonie d'infinies cymbales et mes lèvres sont plus fraîches que la force des jours elle-même. Je suis une prostituée pour ceux qui me contentent, et une vierge pour ceux qui ne me connaissent pas. Car vois, je suis aimé de beaucoup, et suis la concubine de beaucoup, et tous ceux qui viennent à moi éprouvent leur plaisir.

Purgez vos rues O vous, fils des hommes, et que vos maisons soient propres et bien tenues. Faites-vous saints et soyez vertueux. Renvoyez vos vieilles catins, et brûlez leurs vêtements. Abstenez-vous de la compagnie des femmes souillées, et dépravées, qui ne sont pas aussi délicieuses et désirables que moi. Alors j'apparaîtrai et je demeurerai parmi vous. Et vois, je ferai venir des enfants en vos seins : et ils seront les fils du confort. J'écarterai mes vêtements, et je me tiendrai nue devant vous pour que votre amour s'embrase toujours plus pour moi.

A présent, je danse dans les nuages. Et aussi, je suis portée par les vents : et je ne peux descendre parmi vous en la multitude de vos abominations et la répugnance crasseuse de vos habitations. Vois les Quatre : Qui pourrait dire ils ont péché : et à qui pourraient-ils devoir des comptes ? Pas à vous, fils de l'homme, ni à vos descendants : car au Seigneur seul appartient le jugement de ses serviteurs. Aussi, que la Terre vous comble de ses fruits : Et que les montagnes deviennent fertiles là où vos pas laisseront leurs traces.

Heureux est celui qui vous salue. Et maudit soit celui qui lève ses mains contre vous. Car le pouvoir vous sera donné pour que vous puissiez résister à vos ennemis : Et le seigneur toujours vous entendra dans les temps de vos troubles. Et je suis envoyée à vous pour faire la prostituée devant vous : et je suis ici pour vous enrichir des butins des autres hommes : Préparez-vous pour moi, car je viendrai d'ici peu. Préparez vos chambres pour moi, qu'elles soient confortables et accueillantes car j'établirai ma demeure parmi vous : et je serai offerte pour le Père et le Fils, oui et à tous ceux qui réellement vous favorisent. Car ma jeunesse est en sa floraison et ma force n'est pas de celle qui s'éteindra avec l'homme. Puissante je suis dans l'En-Bas et dans l'En-Haut ! Aussi, préparez pour moi. A présent je vous salue. Et que la paix demeure avec vous : Car je suis la Fille du Confort.

Ne dévoilez pas mes secrets aux femmes : ni ne les laisser comprendre à quel point je suis délicieuse. Car tout n'est pas destiné à tous. Aussi viens-je à vous une fois encore.

Traduction française par Kazim

Les Vêtements de Galvah et le Système 156

Amodali

Cet essai est le troisième article d'une série qui synthétise des documents présentés depuis 2013 lors de conférences publiques. Il reprend également un essai sur le même thème publié dans l'Anthologie 'A Rose Veiled in Black - Arcana and Art of Our Lady Babalon' par Three Hands Press. J'ai présenté lors de mes conférences au Royaume-Uni et aux États-Unis certains des concepts fondamentaux du 'Système 156', une pratique en développement depuis les années 80. Des éclaircissements supplémentaires sur le noyau intérieur 'Énochien / Angélique' du système et sur l'anatomie occulte du 'Corps de Babalon' furent également introduits dans l'Anthologie de Three Hands Press. Le système représente une approche quelque peu controversée de la magie de Babalon en remettant en question et en offrant des interprétations alternatives à bon nombre des définitions structurelles et épistémiques établies au sein du courant 156. Ce nouveau modèle accorde une importance manifeste à la re-théorisation et à l'expression rigoureuse du corps féminin au sein des pratiques magiques sexuelles et à l'intégration cohérente des esprits énochiens féminins en son sein. Les esprits féminins du système Énochien / Angélique décrits dans les journaux de John Dee sont d'une importance capitale pour comprendre les racines du courant 156. A ma connaissance, il n'y a eu que très peu d'investigations sur ces intelligences à ce jour. Cet article donne un aperçu du développement de ces pratiques qui seront exposées en détail dans mon prochain livre " Les Marques de Teth ".

LE SYSTÊME 156

"... Mais ce mystère se passe du discours. L'esprit est ébranlé et l'intellect frappé devant l'idée même de la Femme, et de la Mère Sombre dont elle est l'ombre lumineuse. " L'Étoile de Babalon – Jack Parsons

Le 'Système 156' commença à prendre forme durant la seconde moitié des années 1980. A cette époque mes pratiques prenaient une orientation singulière qui rentrait particulièrement en contradiction avec les représentations répandues de Babalon attribuant aux Femmes Écarlates le rôle de 'muses' magiques, dans un équivalent thélémique du 'kamamudra' tantrique (Skt: sceau d'action), incarnant (en accord avec les signifiants thélémiques de genre) une fonction 'lunaire' principalement passive vis à vis du principe masculin solaire-phallique, dans des formules de polarité hétérosexuelle. La tradition typhonienne de Kenneth Grant a attribué une plus grande agence magique aux femmes et embelli certains des aspects les moins développés du travail de Crowley en rapport au courant de Babalon. Bien que, dans la dynamique rituelle de ses formules, la sphère d'influence féminine était toujours perçue comme émanant d'une conscience à prédominance lunaire via ses interprétations du système tantrique Srividya et ses correspondances entre les 'Tithis' (Skt: jour lunaire) du mois lunaire et un ensemble de déesses sombres et lumineuses produisant une série de 'Kalas'. (Skt : temps) i.e une série d'émanations psycho-physiques alignées avec le cycle menstruel. Cependant, mes expériences m'ont amené à comprendre que le courant était beaucoup plus complexe que celui décrit dans les matériaux de référence standard de l'époque et que Babalon représentait une arcane magique hautement sophistiquée qui émane des formes très spécifiques de gnose magique sexuelle.

Le Courant 156 demeure un territoire principalement inexploré qui s'intéresse en majorité aux pratiques incarnées par les femmes et à la manifestation de nouvelles formules de sexualité évolutionniste. Au cours des premières années, j'ai fait l'expérience de rencontres incroyablement déroutantes et volatiles avec Babalon qui me laissèrent à leur suite submergée dans des états dramatiques et turbulents d'obsession et de transe. L'intensité de telles expériences peut pousser aux limites de l'équilibre mental, d'autant qu'à cette époque peu de personnes ou de ressources existaient pour vous guider en dehors de la présence de Babalon elle-même. Babalon m'a clairement indiqué que je serai seule et que je devrai apprendre par moi-même à gérer ses énergies par des travaux en solo avec elle qui utiliseraient une forme de transe et de communion corporelle d'une intensité et d'une charge érotique extrêmes. Au fil des années, j'ai pu constater que lorsque je me suis éloignée de ces prérogatives, les conséquences furent dramatiques et souvent terribles.

Après des décennies de travail, je comprends maintenant pourquoi des paramètres aussi stricts avaient été formulés autour de la pratique. Le processus d'émancipation et de dialogue intérieur avec Babalon n'est pas une restriction de l'activité sexuelle mais concerne plutôt la façon dont on oriente et canalise ses énergies au sein du 156. Cependant, comme ce processus concerne initialement la création d'un corps magique actif et à la reconstruction radicale de son anatomie subtile, il est clair que s'engager dans des travaux de polarité hétérosexuelle orthodoxe peut saboter complètement ce processus et empêcher le développement de formules d'adeptes féminines du Courant 156. Il est donc de la plus haute importance que le corps magique soit d'abord cristallisé pour permettre à chacun d'agir en toute agentivité au sein du courant. Il existait alors peu de références qui soutenaient mes aspirations à une pratique se concentrant uniquement sur Babalon comme intelligence magique à part entière. J'ai donc commencé un très long voyage solitaire, dans lequel je me suis mise à exhumer l'anatomie occulte de ses mystères et à expliquer comment s'engager avec ceux-ci par une pratique progressive. Je dois préciser que je n'ai rien contre la magie sexuelle hétéronormative, bien au contraire, mais je pense que les formules sexuelles existantes doivent être interrogées et révisées pour s'aligner pleinement avec le Courant 156.

Le processus pour incarner Babalon a été long et difficile car il demande de s'affranchir des nombreux voiles obscurcissants qui demeurent la plupart du temps enfouis de façon inconsciente jusqu'à ce que l'on essaie de pénétrer les dynamiques magiques plus subtiles du courant. Le concept d'une sexualité magique féminine, pré-éminente et initiatique, a été saboté avec succès à tous les niveaux, en particulier en Occident, par de nombreuses barrières métaphysiques, philosophiques et théologiques complexes, par les tabous sexuels et la suppression manifeste des droits des femmes à la liberté et à l'autonomie. L'absence d'un système cohérent a été un problème épineux qui a entravé le progrès de la magie de Babalon, mais la difficulté à articuler un système de pratique n'est pas surprenante et est directement proportionnelle au poids écrasant de l'histoire qui s'oppose à sa formulation. Le mot " Système " est un terme froid et anodin totalement inapproprié pour communiquer les pratiques incendiaires liées aux manifestations du courant 156, mais je l'emploie pour des raisons mûrement réfléchies.

Les pratiques du '156' sont basées sur la négociation d'états de possession directe qui semblent défier toute forme d'organisation et, comme je l'ai décrit précédemment, la présence de Babalon, quand elle est vécue à travers le corps, provoque une sensation d'écrasement difficilement supportable à tous les niveaux qui ne peut être maintenue durant un laps de temps déterminé sans risque d'épuisement psychique et physique total. Des mises en garde similaires sont données aux pratiquants d'autres disciplines qui travaillent avec les énergies dites du 'serpent de feu' comme le Kundalini Yoga, mais celles qui empruntent Sa Voie sont confrontées à des challenges très particuliers pour canaliser les énergies de Babalon.

Pourtant, j'ai vu qu'il était possible d'articuler les paramètres de sa magie et je pense que définir l'anatomie occulte du Corps 156 est essentielle à toute manifestation continue de son courant. Comme forme somatique de gnose, la magie du Corps 156 questionne le textualisme de nombreux systèmes magiques orthodoxes et défie toute forme de hiérarchie conventionnelle. Cependant, par définition, toute forme de pratique doit avoir une courbe d'apprentissage et des objectifs clairs, aussi pour développer et communiquer la magie du Corps 156, une certaine forme de systématisation est nécessaire. En réponse, j'ai développé des formules d'ancrage très spécifiques qui fonctionnent en tandem avec un processus de cultivation intérieure du TETH (mot hébreu signifiant 'Serpent' qui correspond à la carte de tarot de l'ATOUT XI (qui dans le tarot de Thoth de Crowley présente la célèbre représentation de Babalon à califourchon sur la Bête créée par Lady Frieda Harris.) Les pratiques se traduisent par une syzygie progressive avec le 'Corps de Babalon' passant par une série d'étapes identifiables. Il en résulte une forme intensive de gnose sexuelle et magique qui permet progressivement l'éveil complet du Courant 156 dans le corps et l'esprit du pratiquant. Les pratiques engendrent un processus de transformation très long et complexe dans lequel on reconfigure complètement son état énergétique et physique afin de devenir un *canal* alchimique capable de résister aux assauts du maelström érotique-cinétique de Babalon.

Tout ceci pourrait suggérer que Babalon est une force potentiellement incroyablement dangereuse, destructrice et primitive. Mais les interprétations simplistes de l'énergie à prédominance *Vénusienne* que Babalon représente ne font qu'alimenter des biais inutiles et de mauvaises interprétations. Quand on considère qu'une grande partie des énergies psychiques / spirituelles / sexuelles et physiques de la moitié de la population de la planète fut réprimée pendant plusieurs millénaires, il n'est pas déraisonnable de s'attendre à ce que, sans la soupape de sécurité d'une pratique cohérente, on se fasse littéralement réduire en cendre à essayer de libérer les dimensions magiques les plus fortement réprimées et contrôlées de cette force. C'est probablement la répression de ce même courant sexuel féminin qui est à l'origine de beaucoup de violences qui font actuellement rage sur la planète. Babalon est l'antidote au schisme qui nous divise plutôt que de représenter l'expression d'une énergie féminine destructrice. Sa force peut être perçue comme dangereuse car la magie canalisant son énergie n'a pas été totalement comprise à ce jour.

Babalon instigue la peur à ceux qui sont encore investis dans l'ancien Aeon. Elle ne laisse aucune place à la misogynie, l'ignorance et la cruauté qui ont tenu les rouages d'une grande partie de la société humaine pendant plusieurs milliers d'années. Ce qu'elle demande est une manifestation complètement nouvelle de la force créatrice humaine qui élève le sexe à son potentiel magique le plus haut. C'est son défi ultime et en cela sollicite-t-elle " chaque goutte de sang " de ses dévots qui émergent et porteront la force de Teth sans ambiguïté ou malveillance.

Babalon doit être une déesse ' tout ou rien ' car elle est l'annonciatrice d'une nouvelle phase de la conscience humaine et de la sexualité dans laquelle il ne peut y avoir de compromis. Nous n'avons tout simplement pas le temps de vaciller à demi-mesure. Son sentier ardent impose une transformation complète à partir de laquelle il n'y a pas de retour possible une fois qu'elle a été commencée. La vision de l'amour que Babalon offre à l'humanité est profonde, toute-consumante et totalement étrangère à la réalité du monde actuel, mais manifester le Courant 156 est absolument vital si l'humanité veut survivre à la chute libre et aux catastrophes actuelles. Cela demande un effort soutenu et constant qui ne peut venir que de de la présence de pratiquants pouvant canaliser son énergie et agir comme de puissantes sources de son Pneuma transformateur.

Un facteur extrêmement important dans l'articulation d'un système cohérent et authentique est la déconstruction de la relation au corps vécue dans les pratiques de magie sexuelle allant avec une investigation et une théorisation rigoureuse de l'anatomie féminine subtile. Il est primordial de soulever le voile de nombreuses formes subtiles de biais structurels qui ont faussé la transmission du courant féminin. J'ai consacré de nombreuses années de pratique à ce domaine de recherche. C'est un processus intense de déconstruction magico-physique et d'ingénierie éthérique par lequel on se 'reconnecte' littéralement en créant une architecture subtile d'habitation entièrement nouvelle pour recevoir le Courant 156. La pratique répare non seulement certains des grands dommages qui ont été causés au corps de la femme et à la psyché féminine, mais elle ouvre également de nouveaux canaux alignés avec les formules progressives 'nouvel aeon' du Courant 156. Grâce à ces nombreuses années de travail intensif, des progrès considérables ont été accomplis et Babalon m'a transmis un système de connaissances qui, comme le suggère la première citation, 'se passe du discours'. Elle me révéla, au fil de nombreuses années, un mysterium incroyablement érotique de nature progressive, autopoïétique, principalement pré-textuelle, cinétique et corporelle. L'utilisation du terme " prétextuelle " pour décrire le système magique de Babalon ne doit cependant pas être pris pour un euphémisme de n'importe quel genre de fantaisie non structurée façonnée intuitivement. Les pratiques possèdent des dynamiques structurelles internes très sophistiquées qui ont exigé des décennies de discipline rigoureuse pour les affiner et sont incroyablement difficiles à maitriser, nécessitant de nombreuses années d'entrainement.

" A mesure que les émanations de Teth se déploient, une multitude de frissonnements et de vibrations orgasmiques et incendiaires envahit le corps de la prêtresse. La frénésie magique du courant de Babalon se distingue par une vague turbulente de kinésie sexuelle. Ce spectre cinétique complexe créée des signifiants qui le distinguent dans la pratique d'autres formes de phénomènes liés à la 'kundalini' ; il est à la source de ce qui va devenir une technologie sexuelle complexe au service de la volonté magique de la prêtresse…. Ainsi celle-ci parvient-elle à articuler un langage vibrationnel et magique de frénésie Dionysiaque, sans être totalement consumée ".

Conférence d'Amodali à l'October Gallery. 2013

Amodali, Photographiée par R. Cook pendant une invocation de Babalon, 1989

Pendant de nombreuses années il m'est apparu complètement contre-intuitif d'écrire sur le système en développement que je créais car son noyau interne ne peut être communiqué verbalement. Aussi, à partir de 1990, j'ai créé des projets qui mettaient en scène des aspects du système lors de performances rituelles. Je sentais que c'était le moyen le plus approprié pour articuler le courant, en dehors de la focalisation plus directe de mes travaux magiques personnels. Le projet *Mother Destruction* fut lancé en 1990 avec la sortie de l'album 'Seething'. Le titre évoque l'énergie érotico-cinétique qui se déploie au cœur du *Corps 156*. J'ai créé un sceau pour le projet, qu'on peut voir sur la pochette de l'album, qui représente le spectre cinétique septénaire qui anime la Magick de Babalon et le corps de la prêtresse. Ce premier album intégrait des pratiques magiques dans lesquelles j'utilisais des sorts runiques en alignement avec les émanations bio-érotiques, ophidiennes du 156 et fusionnait les deux courants dans des expérimentations utilisant des techniques de Seidr et de transes 156. Ces premiers éléments furent par la suite développés en rituels lors de performances. Le rendu artistique du spectre septénaire le plus récent peut être vu ci-dessous.

Amodali, *Les Serpents de Babalon*, Sérigraphie.

Je commençai progressivement à rassembler du matériel tandis que le système continuait d'évoluer et de maturer. Pourtant, suite à une série d'expériences extrêmement intenses qui vint changer radicalement mon mode de vie et ma perspective sur le travail en lui-même, je décidai en 2010 de me concentrer principalement sur l'écriture. Il me parut alors opportun de présenter l'ensemble de mes travaux, ou le *Corps 156*, sous une forme textuelle plus conventionnelle, afin de contribuer aux discussions en cours et au développement du courant au sein d'une plus grande communauté. La première conférence publique eut lieu à Londres en 2013. J'y présentai certains des aspects clés du travail que j'avais entrepris et du système qui lui était consacré et y décrivis ma perspective personnelle du courant dans laquelle Babalon est comprise comme possédant une anatomie occulte spécifique et une phénoménologie magique en relation avec le corps féminin. Comme je l'ai précédemment souligné, il s'agit d'un sujet largement inexploré qui a échappé jusqu'à présent à une étude approfondie. Aussi, pour cartographier le territoire, j'ai commencé par réaliser une évaluation et une interprétation personnelles de ce que Grant appelait les " Particules du Voile ", c'est-à-dire ces facteurs qui ont obscurci le corps féminin et les pratiques qui lui sont liées au sein du courant de Babalon et ai ensuite décrit comment ma pratique a évolué.

Le schéma simplifié qui fut utilisé pour illustrer l'anatomie occulte de Babalon est présenté ci-dessous. Les Sept Serpents de Babalon arborant les " Marques de Teth " représentent le spectre cinétique-sexuel de son corpus qui est perçu comme émanant du corps de la prêtresse. Celui-ci est pour ainsi dire enveloppé d'une série de "vêtements" éthériques abritant un égrégore de divinités *Vénusiennes*. Babalon est ici perçue comme représentant un système de connaissances magique complexe plutôt qu'un simple archétype. J'ai qualifié cette configuration du corps magique d' "autopoïétique" ou d' "auto-créée", un terme simple mais qui possède des implications fondamentales pour les formules magiques du Nouvel Aeon qui exigent une reformulation radicale de l'agence féminine et du corps vécu dans les pratiques magiques du *Corps 156* et participent à l'émancipation des pratiques solitaires pour les femmes. Les grandes contributions de la philosophie féministe à la formulation de concepts d'agence féminine et d'espaces phénoménologiques ont également été explorées en citant le travail de Luce Irigaray et de Julia Kristeva sur l'interprétation du concept de l'espace 'Chôra' de Platon.

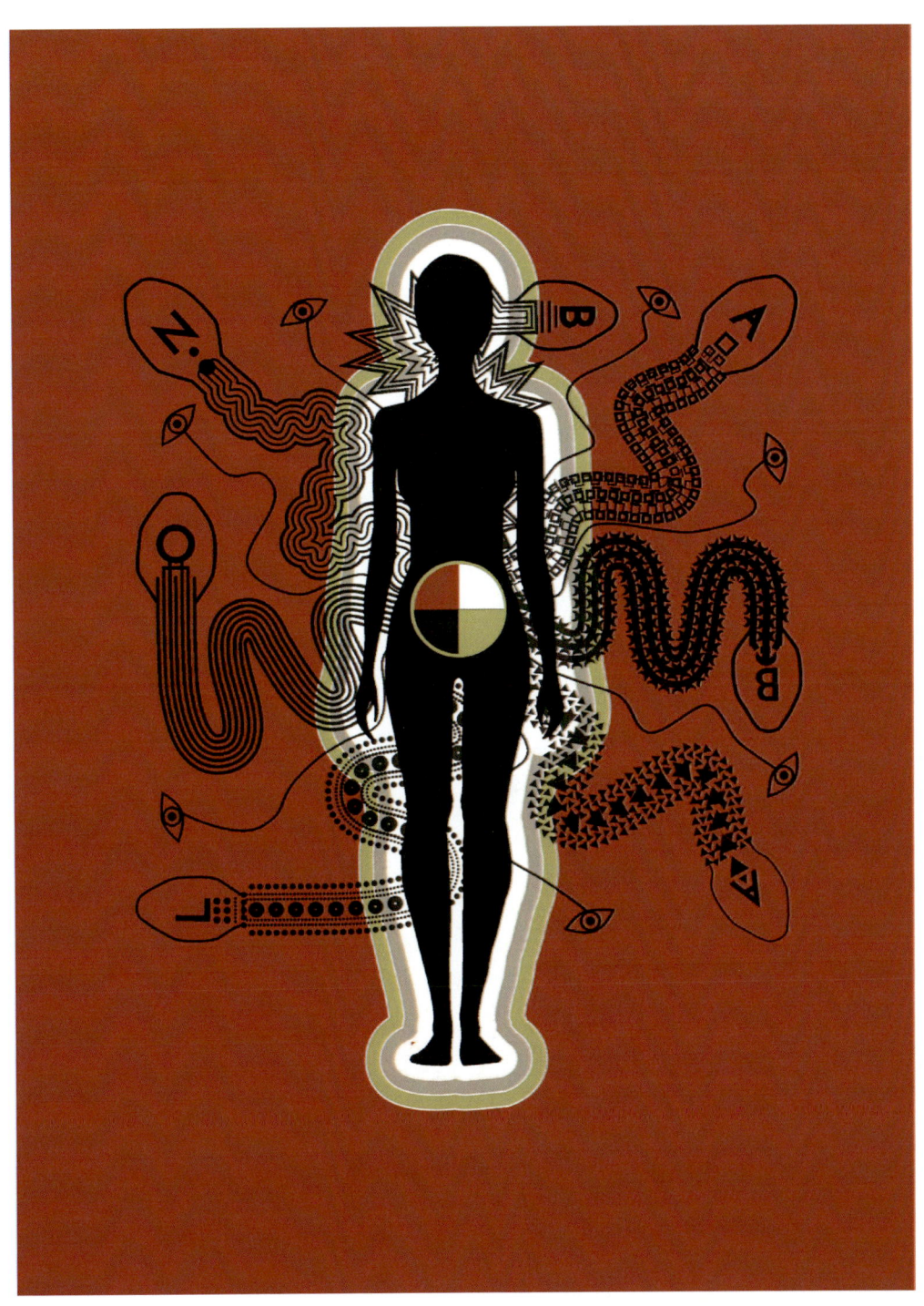

Amodali, *Le Corps 156*

LES VÊTEMENTS DE GALVAH

" La véritable Sagesse est toujours peinte avec un vêtement de femme "

L'esprit Galvah en conversation avec John Dee et Edward Kelley

Au cours de mes conférences, j'ai montré la pertinence de la relation entre l'Univers Enochien et ses formules et l'anatomie occulte féminine de Babalon. Plus précisément, en développant une citation de " La Vision et la Voix " issue de l'exploration que Crowley fait du 7ème Aethyr de " DEO " et sa vision du Paon universel. Le septième Aethyr énochien de DEO, avec ses correspondances *Vénusiennes* implicites, est d'une grande importance dans le système 156. Crowley y fait la fameuse rencontre de la 'Femme revêtue du Soleil' dans sa sphère et c'est l'invocation de DEO que Parsons fit lors de ses 'Babalon workings' qui amena à l'écriture du *Liber 49- le Livre de Babalon*. Crowley décrit comment, alors qu'il tente d'entrer dans l'Aethyr, une voix proclame " la Clé de cette Porte est l'équilibre du Sept et du Quatre ". Comme je l'ai expliqué dans 'Les Marques de Teth', et montré dans le diagramme ci-dessus, cette formule est une clé de 'l'architecture subtile de Babalon'. La forme flamboyante et incandescente de Galvah que Kelley ne pouvait regarder fixement lors de ses séances de communication angélique avec Dee semble identique à l'entité rayonnante que Crowley rencontre dans DEO, qui " transmet le Verbe à la Compréhension ". Au cours de ses conversations avec Dee et Kelley, Galvah évoque la révélation d'une sagesse universelle et de connaissances qui émergeront à la fin des temps et lie aussi fermement la sagesse et le corps féminin. On retrouve ici à nouveau les thèmes de l'Apocalypse, de la Sagesse, de la Rédemption et de la Manifestation liés à une figure féminine présentée comme " la Femme revêtue du Soleil " dans le livre de l'Apocalypse et qui se révèle en profondeur dans les dimensions Vénusiennes de l'Univers Énochien. Comme je l'ai développé dans les Marques de Teth, les " vêtements " de Sagesse décrits par Galvah ne sont en aucun cas métaphoriques mais constituent une partie intégrante de l'anatomie subtile du système de connaissance '156'.

Certaines des arcanes internes et des particularités ésotériques du corps magique Babalon et du système 156 ont été présentées dans l'anthologie "*The Rose Veiled in Black*" publiée par Three Hands Press. L'Anthologie présente une collection d'essais sur Babalon écrits par un ensemble de praticiens et universitaires hautement respectés, hommes et femmes, qui proposent un développement très nuancé et de nombreuses informations sur la nature de Babalon, des travaux rituels ambitieux, une analyse approfondie de textes clé comme ``La Vision et la Voix'' ainsi que des documents biographiques étonnants et des commentaires inspirés sur des personnages importants dans le développement du Courant. Ma contribution itroduit une approche personnelle de la magie de Babalon qui reconnaît les esprits énochiens de nature féminine comme des entités importantes du système 156. L'Univers *Énochien* de Dee et Kelley est réaffirmé au sein du système comme clé de la reformulation radicale de l'anatomie occulte féminine initiée par Babalon et d'un ensemble de pratiques tout à fait uniques impliquant un des travaux directs avec un 'égrégore Vénusien' féminin. On retrouve dans celui-ci des courants primordiaux, isiaques et ophidiens, et des intelligences énochiennes féminines comme Galvah. Ces pratiques permettent d'expérimenter à travers le corps les formules hautement ésotériques et résonnantes que l'on retrouve dans l'Univers *Énochien* et le courant 156.

"Tu sauras par le signe. Babalon est née. C'est une nouvelle naissance, toutes choses sont changées - les signes, les symboles, le tout." (The Babalon Working)

Dans cette citation tirée du travail de Parsons et de Hubbard, Babalon annonce la réforme radicale qui accompagnera son ascension. La 'nouvelle naissance' proviendra de l'évolution de conscience créée par une authentique réification de la force érotique féminine qui permettra une transformation globale de la sexualité humaine. L'essai publié par Three Hands Press introduit les formules autopoïétiques dérivées du nom et de la substance de Babalon. Elles sont présentées dans les carrés magiques ci-dessous. Le tableau représente une pratique magique qui transforme le corps de la prêtresse et aboutit à la production de l'Élixir 49.

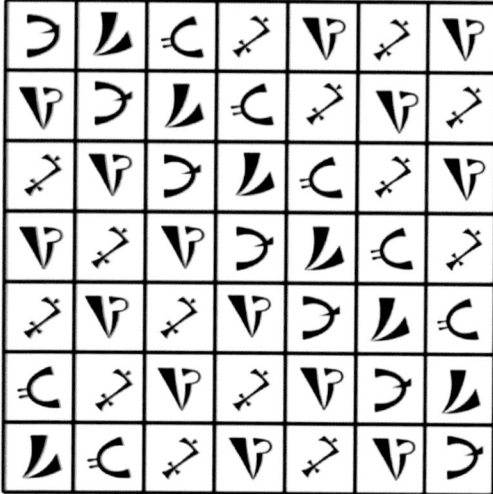

B	A	B	A	L	O	N
A	B	A	L	O	N	B
B	A	L	O	N	B	A
A	L	O	N	B	A	B
L	O	N	B	A	B	A
O	N	B	A	B	A	L
N	B	A	B	A	L	O

Il s'agit d'une substance magique contenant une formulation Nouvel Aeon du *Pneuma* féminin au-delà du système de " Kala " développé par Grant et les traditions Typhoniennes car il aligne le corps subtil féminin avec l'Univers Énochien.

" La syzygie de la chair et du pneuma, générée par la prêtresse par l'invocation de Babalon et des esprits énochiens féminins, crée la matrice à partir de laquelle le champ phénoménologique complexe de la magie de Babalon est généré. "

Amodali – citation tirée de 'Théorie Introductive des Formules Progressives de la Prêtrise de Babalon' de l'Anthologie 'A Rose Veiled in Black'

C'est par Galvah / I AM, Madimi et la Fille de la Fortitude que nous pouvons atteindre au sein de l'Univers Énochien la source de la sagesse sexuelle universelle de la déesse primitive, manifestée par les formules de Babalon. En pratique, il me fut révélé que l'on peut découvrir, par les intelligences féminines angéliques, un système de connaissances de nature entièrement érotique qui imprègne l'Univers Énochien et forme un substrat énergétique au sein du système angélique. Cette sagesse non textuelle est évidemment incroyablement subtile et difficile à décrire. D'après les mots de la Fille de la Fortitude et de Galvah, nous comprenons que cette sagesse s'incarne à travers les vêtements, c'est-à-dire la chair, de la femme. Les " Vêtements de Galvah " montrés entourant le corps de la prêtresse sur le diagramme précédent représentent un vaste mystère dans l'anatomie occulte du *Corps 156*. La conclusion logique de ce mouvement sera la manifestation actuelle du Courant 156 qui signifierait, comme le prédisait Parsons, que Babalon se manifestera enfin dans la chair.

Lectures recommandées :

Amodali. *'Introductory Theoria on Progressive Formulas of the Babalon Priestesshood, A Rose Veiled in Black Arcana and Art of Our Lady Babalon* - Anthologie. Three Hands Press.

Amodali, *The Harlot that Shaketh death: Aleister Crowley's "Babalon" as a Source of Innovative, Erotic Phenomenological Models in Contemporary Esoteric Practice*, WYRD Vol. IV, journal occulte bi-annuel publié par Three Hands Press, 2019.

Amodali, *Feminism, 'Weird' Essentialism and 156*, MARAH Journal, Volume 1, publié par the Temple of Our Lady of the Abyss.TEMPLUMABYSSI.COM.2020

Amodali, *The Marks of Teth*, à venir chez Three Hands Press.

John Dee. *Les Cinq Livres des Mystères*.

John Dee/M.Causobon. *A True and Faithful Relation*.

Aleister Crowley, *La Vision et la Voix*.

Jack Parsons, *Liber 49 - Le Livre de Babalon*.

Audio :

L'Album 'The Seething' et la discographie complète de *Mother Destruction*.

Traduction française par Kazim

RITUEL SADOMASOCHISTE EN CONTEXTE THÉLÉMITE

Raven Greywalker

~

In Memoriam : V.H.L.

"Homme, connais-toi toi-même."

"Les esclaves serviront."

Une grande partie de l'efficacité d'un rituel vient peut-être de sa capacité à directement interagir avec les royaumes de l'inconscient où résident nos émotions primitives, nos schémas comportementaux issus de l'enfance, et l'information génétique héritée de tous nos ancêtres.

L'on a postulé que l'inconscient ne fait pas dans le verbiage, qu'au contraire il réagit à des stimuli émotionnels et sensoriels plus directs et moins rationnels.

Pour modifier la conscience, pour apprendre, pour évoluer, pour effectuer des changements en conformité à la Volonté, nous effectuons le sombre et périlleux voyage d'Inanna et devons affronter notre sœur, Ereshkigal, gardienne de nos rêves les plus profonds, de nos énergies les plus puissantes, de nos bien-aimées et perverses inspirations et folies. Dans la coupe qu'est le cœur noir et sanglant d'Ereshkigal, nous pouvons trouver un poison apparemment à même de nous cloîtrer pour toujours dans l'Abîme, ou une drogue qui nous donnera des visions de notre Vraie Volonté. Toute la différence provient du degré d'ouverture avec lequel nous embrassons l'initiation.

Contempler notre jumeau sombre - notre propre et secrète face de honte, de terreur, de beauté - et accepter, dans l'Amour, tout ce que nous sommes est un acte de courage et de magick. Tu t'es caché(e) à toi-même ta propre âme, et oseras-tu maintenant la révéler à un(e) autre ?

Le rituel, qui est aussi vieux que l'Homme, et le sexe, qui est aussi vieux que le temps, activent d'incroyables potentiels émotionnels.

Il y a des rituels de désir et de joie et de souffrance et de peur. Ces quatre choses y sont poussées à leur extrême, fondues dans l'esprit en une seule, et dans cette fusion elles peuvent créer ou dissoudre nos egos, nos corps, ou nos esprits. Il existe une école secrète d'initiés pratiquant de tels rituels. Eux connaissent l'alchimie de l'émotion par laquelle toutes les dichotomies et les opposés sont unifiés dans le Désir du pratiquant.

Il existe tellement de fausses prétendues écoles d'Initiation aux Passions Occultes. Il y a des signes permettant de les reconnaître. Leurs prêtres et prêtresses mépriseront l'autre sexe, ou se réjouiront de la douleur sans dessein, ils pourront s'adonner à l'humiliation du suppliant, ils pourront posséder peu de sagesse comme de grâce, ils pourront abuser de leur fonction, ou mentir pour l'argent. Sans perspicacité ni habileté, que ce soit intentionnel ou en raison d'un manque de discernement, ils manqueront de respect au suppliant comme à eux-mêmes, et ce qui aurait dû fleurir et donner des fruits sera foulé aux pieds et se flétrira.

Néanmoins, aucune école ne peut être dite fausse si l'on en a appris quelque chose, serait-ce par la méthode de l'antinomie.

Dans ces rites, les Supernelles sont invoquées. Les plus anciennes des dualités, dont chacune entretient avec l'autre une relation de tension non-statique.

Ici, en Malkuth, bien que le langage ne les puisse définir, il peut cependant véhiculer certaines images permettant de les comprendre : la Conscience et son Inverse, l'Esprit et le Corps, le Dieu (ou la Déesse) et l'Humain.

La souffrance de la division nous accompagne depuis notre naissance, l'attente douce-amère qui parfois ne connaît même pas son objet, et qui, lorsque acceptée comme un aspect de nous-même d'une valeur égale aux autres, devient sa propre source de joie... Mais il n'y a pas que l'opportunité de l'union, il y a sa réalisation. Hadit et Nuit ne sont que des perspectives. De même que nous sommes les particules d'une onde, nous sommes aussi l'onde.

En un sens, vous ne réaliserez qu'il importe peu quel rôle vous adoptez dans les jeux de bondage et de discipline. Tout rôle correctement joué débouche sur l'autre, et pour être correctement joué la confiance doit être présente. De même qu'Inanna fut dépouillée de tout sauf de sa confiance thélémite en elle-même, tout participant sera dénudé et ne gardera que sa Volonté.

La domination comme la soumission, pour être efficaces, doivent être des actes voulus (émanant d'une nature dominante). Certes, la personne soumise fait un choix, un choix très courageux, celui de se retrouver à la merci d'une autre. Ce faisant, elle créée l'illusion d'impuissance lui permettant d'être plus vulnérable et disponible qu'elle ne le permet en temps normal. La personne dominante est donc contrainte par la personne soumise, tout en devant respecter ses limites, à explorer et affronter les blocages émotionnels. Les deux parties sont, en un sens, soumises aux besoins et désirs de l'autre, ou le jeu perdra toute efficacité.

Il m'est apparu que l'alternance des rôles engendrait les résultats les plus intenses, du fait qu'elle développe la dynamique du maître et de l'esclave à l'intérieur de soi. Qu'il en soit à l'extérieur comme à l'intérieur ! Ce jeu de miroirs entre intérieur et extérieur aboutit à un orgasme de transcendance, en lequel on cesse d'être circonscrit dans les limites de tel ou tel univers, ou d'aucun.

Cette pratique fonctionne pour moi, mais chacun se doit d'obéir à son propre instinct et suivre ses propres inclinations.

L'intimité requise pour ces rituels, et créée par eux, est d'une nature très intense, ce qui peut en partie expliquer qu'ils soient tabous dans notre culture. Les rôles de Dieu et d'Enfant qui seront joués réveilleront à coup sûr des envies et des rages primitives, des émotions et des désirs que vous aviez trop peur d'aborder, des problèmes liés à l'enfance, ainsi que douleurs et joies de relations en cours ou terminées depuis longtemps. En d'autres mots, vous devriez connaître très bien vous-même et votre partenaire, et vous ne pourrez toujours être préparé(e) à ce que vous découvrirez.

L'aspect sexuel, qui pour beaucoup est inhérent à ces explorations, se changera même en alchimie des kalas. A partir de ce qu'il était auparavant, afin d'intensifier le résultat magick comme le résultat sexuel.

Si une culpabilité sexuelle issue de l'enfance, ou le désir d'être puni(e) en raison d'autres types de culpabilité, devaient surgir, ne vous en alarmez pas. Cela fait partie de l'héritage religieux et culturel de beaucoup d'entre nous ayant été élevés dans cette société. A l'image de bien d'autres problèmes, ceux-ci peuvent émerger lors d'une pratique sadomasochiste, et il serait bon d'en parler, de travailler dessus, de faire la paix avec eux, et de les évacuer avec l'aide d'un partenaire attentif et prévenant.

Le fait même de pratiquer ces rites avec une autre personne témoigne d'un désir d'accepter et de mettre en lumière ces parties de nous-mêmes, que nous avions ensevelies sous la haine, la peur et l'incompréhension de ce que nous sommes.

Aucune partie de nous qui ne soit des dieux.

L'emploi de la peur et de la souffrance dans ces rituels est laissé à la discrétion des participants. (L'on remarquera néanmoins que, chose fréquemment ignorée, les dominants possèdent eux aussi leurs limites.) Bien que la peur et la souffrance surgissent très probablement, elles sont souvent des signes d'imperfection si elles se trouvent être un résultat des rites.

Pour finir, j'aimerais signaler que les entités chtoniennes et qliphotiques, d'après ma propre expérience, sont tout spécialement attirées par ces travaux. Une porte ou un vortex pouvant être créés, et un contact établi (j'ai souvent effectué des offrandes de chi via l'hyperventilation, le cri, le chant, la danse, etc. Sans oublier le sang et la douleur infligée par des instruments SM élémentaires (le chat à neuf queues pour l'air, etc.). Ces entités sont souvent désireuses d'aider à transformer le karma ou les émotions, ainsi qu'à susciter des résurgences ataviques libérant de plus grands flux d'énergies créatrices.

Dans les robes sacrées de la majesté Géburique et de la puissance Chésedique puissiez-vous révéler à vous-même et à votre amant(e) la sombre splendeur de votre moi le plus interne - votre secrète âme de désir et de peur. Puissiez-vous connaître la sérénité de se laisser aller à l'abandon, et la joie d'exercer le contrôle. Dans tous les actes Voulus d'acceptation et d'Amour, nous nous découvrons être des dieux.

Traduction française par Philippe Pissier

BONDAGE, DISCIPLINE ET MAGICK

Frater Pectus Scortius

~

Pour beaucoup de païens et de magiciens pratiquants, l'idée de mélanger la magick et l'une des variantes sexuelles les moins comprises semblerait une chose impossible. Les attitudes de domination et de soumission, ainsi que les complexes rituels de contrainte et de punition caractérisant les jeux de rôle SM, semblent être totalement en opposition avec l'esprit anti-autoritaire et anti-patriarcal dans lequel nous tendons à œuvrer, une réversion de l'ère Osirienne coincée dont nous tentons de nous dégager.

Néanmoins, je compte démontrer, au moins pour ma propre satisfaction, que le symbolisme et la pratique du bondage et de la discipline peuvent être incorporés dans la pratique de la magick, **si le magicien éprouve une attirance envers eux**. Je ne recommande pas le B&D comme un merveilleux raccourci vers l'astral, et encore moins comme une véritable voie. Si après avoir lu ceci vous considérez d'autres activités non-traditionnelles comme des moyens de faire de la magick, ou si vous devenez tout simplement plus tolérant vis-à-vis du cercle qui à l'autre bout de la ville travaille sur un système tout à fait différent du vôtre, je pense que j'aurais réussi quelque chose même si vous décidez n'avoir rien à faire avec les combinaisons de cuir et les cravaches.

Le bondage et la discipline étant des activités de nature sexuelle, j'écrirai en supposant que, comme la plupart de la magie sexuelle, ils sont pratiqués en couple. Ce n'est bien entendu pas obligatoire. Un groupe de trois personnes, ou plus, peut tout à fait fonctionner, mais les couples semblent constituer la norme. Il existe un certain nombre de raisons à cela. L'une d'entre elles est bien sûr l'évidente difficulté à trouver des partenaires à la fois intéressés par la magick et le B&D. L'autre principale raison est que, plus encore que la magick et le sexe, le B&D exige un haut niveau de confiance dans le partenaire et un bon sens de la communication non-verbale. La raison de la confiance nécessitée devrait être évidente. Je parlerai dans un moment de la communication non-verbale.

Je serai également un peu général en ce qui concerne mon choix des pronoms. Mes propres travaux furent hétérosexuels, avec alternance des rôles dominant(e)/soumis(e). Il n'y a cependant aucune raison pour que ces méthodes ne puissent être employées par un couple homosexuel, ou qu'un sexe soit limité à tel ou tel rôle. Je dirai plus loin quelques mots à ce sujet.

Avant toute pratique, les participants devront considérer leurs limites. Décider quelles activités sont totalement inacceptables appartient au partenaire soumis dans la mesure où c'est lui qui endurera le plus d'impact. Là réside la nécessité de la confiance. Si vous jouez le rôle soumis et que vous ne pouvez être sûr(e) que votre partenaire respectera les limites, NE JOUEZ PAS AVEC LUI ! (Mes propres réserves à ce sujet excluent le B&D des rapports accidentels. Il faut plus que quelques verres et du blablabla à la con pour connaître suffisamment une personne afin d'établir ce type de confiance.) Il faut également, avant d'entamer quoi que ce soit, établir des moyens de communiquer à l'autre son état émotionnel, mental et physique. Se connaître suffisamment l'un l'autre pour être à même de communiquer de manière non-verbale est ici de la plus grande utilité. L'on peut signaler des changements sans quitter le rôle ou stopper le flux du rituel. On peut aussi passer un message tout en ne pouvant parler, lors de bondages complexes.

J'ai dit plus haut que le bondage et la discipline étaient, après tout, des activités sexuelles. Or il se trouve que l'excitation sexuelle est un moyen extrêmement efficace de faire monter l'énergie, l'orgasme étant la libération de l'énergie, son point culminant. Nous devrions être conscients que plus longtemps nous maintenons l'excitation sans atteindre l'orgasme, plus ce dernier sera intense. (Toute personne ignorante de ce fait ne devrait même pas lire cet article.) Le corollaire en est que plus longtemps sera maintenue l'excitation, sans orgasme, plus sera importante la quantité d'énergie mise en jeu. Il existe néanmoins un stade où la nécessité de parvenir à l'orgasme est si forte qu'on le provoque. Le contrôle de soi ne peut, après tout, dépasser certaines limites. C'est néanmoins à ce stade qu'on accumule le plus d'énergie. A ce niveau, si l'orgasme ne survient pas, les autres centres bio-énergétiques du corps peuvent être activés et la conscience modifiée. Mais si le contrôle de soi est ici insuffisant, qu'est-ce qui fera l'affaire ? La meilleure méthode que j'ai trouvée, c'est un peu de bondage avec un partenaire habile sur le plan sexuel. Combien de temps une personne peut-elle être privée de son orgasme ? On ne sait pas : le temps se dilate.

Certes, pour des questions magickes, on suppose que vous avez des notions de yoga tantrique ou de magick sexuelle avant d'y ajouter le bondage en supplément. (On suppose également que vous savez des choses sur le sexe et la magick avant que de les combiner. Bien sûr, si vous faites les choses à l'envers...). L'une des caractéristiques essentielles de ce genre de rituel est la capacité à se concentrer sur l'objet du rituel, malgré l'excitation croissante, et à diriger l'énergie accumulée se trouvant libérée au cours de l'orgasme. Dans l'idéal, un couple hautement expérimenté devrait pouvoir tirer parti de l'effet synergétique de l'orgasme mutuel (1 + 1 = 2 +). Au début du processus, il est néanmoins plus efficient magickement pour un partenaire d'être un peu en retrait et de gérer la concentration et l'orientation, ainsi que les facteurs qui retarderont l'orgasme, cependant que l'autre partenaire fournira l'énergie et l'orgasme.

Qui adopte tel ou tel rôle est une question dépendant d'un certain nombre de facteurs. La manière la plus simple d'en décider est bien entendu la préférence naturelle. Si vous possédez un goût bien prononcé pour tel ou tel rôle, alors choisissez-le. Si l'un des partenaires est magickement bien plus évolué que l'autre, c'est lui qui devrait adopter le rôle dominant. S'il y a à peu près égalité dans tous les autres domaines, il vaudrait mieux que le rôle dominant soit assumé par la personne la plus lente à exciter et faire jouir, le contrôle s'exerçant alors sur l'orgasme le plus rapide à susciter. Notez que je n'ai rien dit quant au fait qu'un des deux sexes soit plus ou moins adapté à tel ou tel rôle, bien que ce commentaire sur la vitesse de l'excitation <u>pourrait</u> suggérer quelque chose. Le sexe des personnes n'est pas de si grande importance avant que nous ne commencions à parler du B&D comme outil d'apprentissage pour magiciens.

L'un des énoncés les plus répétés de la magick est que les magiciens doivent développer cet aspect de leur nature se trouvant en opposition avec leur sexe biologique. (Et c'était bien vu que d'éviter le sexe des pronoms dans cette phrase !) L'une des raisons en est la nécessité théurgique de cesser de penser à vous-même comme membre d'une catégorie restrictive, afin de vous préparer à vous découvrir être n'importe quoi d'autre. Une autre raison tient à l'entraînement du magicien en herbe. (Et vous pensiez que j'avais quitté le sujet.) Le magicien, tout particulièrement dans ses rapports avec les entités psychiques ou spirituelles, doit être à la fois capable d'absolue autorité et d'acceptation absolue, il doit être à la fois capable de maintenir un état extrêmement dominateur ou extrêmement soumis, et de passer de l'un à l'autre. Cette exigence a été traditionnellement exprimée par les images stéréotypées du mâle dominant et de la femelle soumise. Pour un néophyte du renouveau magicke, produit d'une éducation aristo ou classe moyenne de l'ère victorienne, ces images devaient être consciemment vaincues. Les magiciens masculins devaient apprendre à être ouverts, consentants, à accepter. Les magiciennes ou sorcières devaient triompher de leur image femelle afin de pouvoir commander et contrôler.

Certes, nous n'avons pas ces problèmes, pas vrai ? Tu parles ! Tout au mieux, nous pouvons parvenir à un compromis de peu de solidité. Les hommes flippent à l'idée de remettre en vigueur l'image victorienne et autoritaire du mâle mais, accablés par un certain poids de l'image masculine, ne sont pas prêts de partir dans l'autre extrême. Les femmes qui se sont débarrassées des images féminines traditionnelles voient le fonctionnement autoritaire comme quelque chose devant également être évité. Là où un magicien du début du siècle se trouvait à l'aise dans un rôle et devait en apprendre un second, nous ne sommes à l'aise dans aucun et devons apprendre les deux. Et il se trouve que les attitudes extrêmes *sont* plutôt ridicules. Mais, dans la magick, ces attitudes sont employées vis-à-vis d'entités qui sont la création de la partie primitive de nos esprits. Ces entités nous ramènent à l'époque des bandes errantes de chasseurs et possèdent toute la délicatesse sociale d'un scythe chasseur de têtes. Si vous souhaitez commander un esprit, il vous faut une autorité inflexible, absolue et implacable. Vous ne négociez pas et ne vous trouvez pas des détails intéressants en commun. Dans les travaux d'invocation, où vous vous laissez devenir un vase pour la forme divine (et quiconque est assez con pour invoquer moins qu'un dieu mérite ce qui en résultera - OK, voici une rapide digression. Une divinité, même jalouse comme Adonaï Elohim (JHWH), même vicieuse et déplaisante comme Ereshkigal, participe d'un ordre de responsabilité suffisamment évolué pour quitter un corps et le redonner à l'intelligence qui normalement le gouverne. Ce n'est pas forcément le cas avec les entités inférieures. Les dieux sont conscients de ce qu'ils sont déjà tous les autres [sic], certaines des entités inférieures en sont toujours ignorantes), il vous faut une absolue ouverture : "Que Ta volonté, non la mienne, soit faite, ô Seigneur."

Les jeux de rôle de bondage et de discipline, les attitudes de domination et de soumission, sont un moyen parfait de s'entraîner aux comportements requis par l'évocation et l'invocation. Si vous ne pouvez intimider, commander et dominer un autre être humain par le ton de la voix, n'imaginez pas pouvoir impressionner les esprits des quatre éléments pour qu'ils gardent votre cercle, et, que la Déesse m'en soit témoin, n'imaginez pas être à même de contrôler les démons et les djinns. De même, si vous êtes incapable de laisser un(e) amant(e) prendre l'entier contrôle d'une nuit d'amour, il vous sera difficile de vous ouvrir à une forme divine. Un peu de pratique dans le domaine de la servilité, par anticipation, ne sera peut-être pas de trop lorsque vous en viendrez à entretenir des rapports avec Kali. Dans tous les cas, l'attitude et le positionnement du magicien sont des caricatures des attitudes et positionnements sociaux normaux. Un peu de bondage et de discipline fournira une excuse pour les pratiquer dans des situations où foirer le rôle ne semblera pas affreusement critique.

Le symbolisme semble être au cœur de la magick comme des accessoires et vêtements de B&D. Lier les deux est principalement une question de trouver des formes magickes utilisables. Pour exemple, lorsque je joue Set pour le rituel de la Mort d'Osiris, dans le cadre de notre cercle, je porte pantalon, bottes et veste de cuir noir. (Dans ce rituel, nous employons un Osiris en vêtements de ville, avec cravate vulgaire et perruque simulant la calvitie. C'est un vrai plaisir que de le tuer rituellement, et j'imagine qu'une bonne partie de cette joie provient du fait d'exécuter un rituel plus basé sur le symbolisme contemporain que sur le symbolisme archaïque. Le caractère immédiat du symbolisme le rend bien plus compréhensible à nos esprits. Les symboles antiques et médiévaux sont bien trop patinés de romantisme, celui à la lumière duquel nous tendons à considérer leur époque.) Le noir fut choisi en raison de son symbolisme lié à la nuit et aux ténèbres "...dont les ténèbres étreignent et glorifient la lumière." Le cuir fut choisi à la fois pour son pouvoir et pour ses connotations sexuelles. Peu importe la raison pour laquelle ces connotations existent, de même qu'on se fout de savoir pourquoi l'étain est le métal associé à Jupiter. Ce qui importe, c'est que le magicien puise employer le symbolisme s'il le souhaite...

Avez-vous jamais remarqué comment vous pouvez éjecter des gens hors de votre cuisine simplement en bouffant un bout de viande crue ? Un peu hors sujet ? Non, non, non, non ! (Bien que la préparation du dîner ait interféré entre ceci et le dernier paragraphe.) Une bonne partie de l'efficacité des rituels, tout spécialement des rituels initiatiques et théurgiques, réside dans la présence de l'inattendu. L'intrusion de ce que l'esprit n'est pas aisément capable d'accepter rationnellement (ce qui ne colle pas avec la structure mentale de Malkuth, ou n'est pas acceptable dans l'échelle du 32ème sentier) tend à évacuer le spectateur (ma blague au sujet du mangeur de viande crue) ou, si la retraite est impossible, catapulte l'esprit dans d'autres modes de fonctionnement. (L'une de mes plus grandes déceptions littéraires fut <u>Shadowland</u>, de Peter Straub. Toute la structure d'horreur et de terreur, et la demeure retirée de l'oncle du magicien, semblait avoir le potentiel d'une des plus belles initiations par la terreur depuis Carlos Castaneda, mais l'auteur nous balance un oncle atteint de folie homicide.)

Ce qui frappe l'esprit de cette manière peut énormément varier. Un néophyte de ma connaissance fit une bonne crise en la simple présence d'un athamé dégainé. L'ami qui jouait le rôle d'Osiris pour notre cercle possédait une peinture de Cernunnos dotée d'un bon potentiel déstabilisant. De même mon Set en cuir noir et chaînes chromées, plus fort, en fait, pour des païens et des magiciens plus expérimentés que nous, puisqu'ils se sont permis - de manière assez insensée - d'adopter un symbolisme stéréotypé. C'est pourquoi je m'adonne plus à un symbolisme moderne qu'à un symbolisme traditionnel. C'est aussi pourquoi j'emploie un tarot entièrement basé sur des symboles de bondage et discipline. "...le Tarot ici présenté est d'un symbolisme extrême mettant l'esprit au défi d'étendre son contenu symbolique. " La Grande Prêtresse est une nonne vêtue de caoutchouc noir. Le Monde, un danseur en combinaison de cuir noir. Le but de tout ceci, hormis l'exercice de la perversité, est de forcer le spectateur à compter sur les sections alogiques [sic] du cerveau. Le symbolisme choque, agresse, et glace par son caractère immédiat, poussant le magicien à remettre en jeu constructions et conceptions mentales.

Tout symbolisme mis à part, il y a aussi les applications pratiques du bondage et de la discipline. J'ai déjà parlé de l'accroissement de l'excitation sexuelle dû au fait de retarder l'orgasme. On peut aussi employer le bondage comme moyen de maintenir un asana yogique, ou la privation sensorielle pour améliorer méditation et visualisation. Tous deux font partie intégrante du chamanisme du Cercle Arctique. La posture choisie doit être une posture devenant vite inconfortable de par sa nature même. Les liens empêchent de changer de position pour soulager des crampes et de l'engourdissement, tout en apportant leur propre inconfort. La cagoule ou le bandeau empêchent de concentrer la conscience sur les stimuli extérieurs. Les états de transe ou de sortie hors du corps s'ensuivent très rapidement.

La flagellation semble avoir été employée de manière similaire, en plus d'avoir été instrument de pénitence dans la tradition catholique médiévale. Infliger un faible niveau de souffrance tend à séparer la conscience du corps qui l'abrite.

Des combinaisons de ces diverses méthodologies peuvent et doivent marcher.

Pour finir, disons que si vous souhaitez tenter l'une des techniques exposées dans cet article, vous devez procéder avec prudence. Expérimentez avec des techniques faciles et peu rigoureuses avant de passer aux plus dures. Fixez les limites par avance et respectez-les. Ne laissez jamais seul un partenaire entravé et sans défense. Etudiez bien les choses avant de les concrétiser. De bons partenaires pour le bondage sont aussi durs à trouver que de bons partenaires pour la magick. Traitez-les avec tout le respect dû à des amis rares et de valeur.

Traduction française par Philippe Pissier

Lilith von Sirius
Début des années 90

LA SALOPE SACRÉE

Dinasemrys

~

Au sujet de Dinasemrys : j'ai 48 ans et ai été membre actif de la Communauté Païenne tout le long de ma vie adulte. J'ai été initiée dans diverses traditions (aucune d'entre elles n'impliquait une auto-initiation), et je suis une tradition Gardnérienne éclectique, travaillant avec un panthéon celtique, largement irlandais, plutôt axée Branche Rouge. J'ai été, un jour ou l'autre, artiste, enseignante, femme d'affaires, organisatrice de combats, photographe, musicienne ambulante, sans parler de tous les jobs transitoires. J'ai étudié dans un certain nombre d'universités et de collèges, d'où je suis sortie sans aucun diplôme (de sorte que mes seuls diplômes sont païens, ce dont je me félicite). Je ne suis pas mariée, je suis parfois seule, parfois non, ça dépend comment je me sens à tel ou tel moment ainsi que de la qualité des partenaires. Je tends à être facile à prendre mais dure à garder. Je peux à l'occasion être exigeante, mais ceux que je garde avec moi un certain temps le sont généralement plus encore.

La Salope Sacrée... quelques réflexions.

Le concept de Salope Sacrée constitue un thème intéressant. Dans notre société, le terme "salope" est totalement péjoratif. Il désigne un être dénué de critères moraux, ayant un comportement licencieux. Qu'est-ce qu'il peut donc y avoir de sacré chez un tel être ? Nous, membres de la Communauté Païenne, savons que toute question, toute chose en fait, possède des homologues. Ceci étant le cas, on peut se demander ce qu'il y a de sacré chez un être considérant un autre être comme ne possédant pas de critères moraux. Si, comme nous l'affirment Platon et Jung, nous créons nos propres réalités, la vraie salope est alors la personne qui juge et non la personne jugée. Ceci étant dit, définissons les termes de manière plus précise.

Dans le cadre de notre vision traditionnelle, une salope est une fille qui baise de manière gratuite avec tous ceux qui viennent (excusez le calembour), ou au moins avec plus d'un partenaire, et souvent en même temps. Si tel est le cas, je propose qu'une bonne partie de notre population, à une période ou une autre, postule pour le statut de salope. Il y a énormément de personnes impliquées dans des relations polyamoureuses qui pourraient prendre ombrage d'une telle épithète. Il en est d'autres qui, à l'occasion, ont une sexualité très libre, récréative, et qui s'inquiéteraient un peu d'une telle étiquette. Il y a aussi les tarés et les connes qui ont des problèmes lorsqu'ils doivent mettre en équation les activités sexuelles d'une personne avec ses qualités et sa valeur en tant qu'individu. Ils pourraient dire, s'ils avaient quelque chose dans le citron, qu'octroyer gratuitement du plaisir à un grand nombre d'êtres est plus un signe de grande valeur que de peu de valeur.

Historiquement, le concept de Salope Sacrée a des précédents. Dans beaucoup de sociétés préchrétiennes et non chrétiennes, la prostitution était considérée comme une véritable et honorable profession. Chez les Romains et les Grecs, on allait dans un temple se payer les services d'une Vierge du Temple, moyennant une légère redevance (donation à la communauté religieuse) avant de passer au culte. L'idée en était que cela permettait à l'individu soulagé de se concentrer plus profondément sur la prière et les Divinités. L'union sexuelle, l'orgasme, ont souvent été associés, dans le monde païen, à un moyen de s'unir aux Divinités. Dans de nombreuses sociétés "primitives", le partage des femmes était considéré comme une forme d'hospitalité juste et nécessaire. Une chose que l'on retrouve dans toutes ces sociétés, c'est l'absence de confusion entre le monde temporel et le monde spirituel. Le sexe était considéré par beaucoup d'entre elles comme une activité sacrée - dans le sens spirituel. Ceci est tout à fait vrai dans notre communauté néo-païenne. La réalisation du Grand Rite, qu'elle soit symbolique ou véritable, est un acte résolument sacré. Ce n'est que dans l'univers chrétien-musulman-juif qu'on porte au sexe une telle importance, importance telle qu'elle supplante la valeur individuelle de la personne sous tous ses aspects, et qu'il est en même temps vu comme quelque chose de honteux. C'est une vision très merdique du sexe comme de la valeur individuelle.

Il nous incombe donc d'examiner ce qui fait qu'une "salope" est une "salope". On présume qu'une salope est une fille baisant avec un nombre considérable de personnes, qu'il s'agisse de son choix propre ou de celui d'un tiers. Il faut aussi se demander pourquoi un être s'engagerait dans de telles activités. Cette dernière question est d'une importance primordiale. Les raisons pour lesquelles on devient une salope relèvent de plusieurs catégories. Tout d'abord : parce qu'on aime ça. Ça donne du plaisir à soi-même comme aux autres. Ça permet de se sentir bien. Ce n'est pas nécessairement une mauvaise chose ! Deuxièmement, c'est une forme de service. Il ne s'agit là d'une chose négative que si nous supposons que le service est, d'une manière ou d'une autre, dégradant pour l'individu et constitue une activité totalement involontaire. Troisièmement, ce peut être une forme d'expression et d'exploration de soi-même. De même que les Grecs et les Romains baisaient avant de se livrer à leurs adorations, ou considéraient la baise comme une forme d'adoration, cette idée d'expression et d'exploration de soi s'incarne dans un comportement qui, de par son impact dans notre société, nous permet de regarder plus profondément en nous-mêmes ainsi que dans le monde qui nous entoure. Ce n'est pas une mauvaise chose non plus. Il semblerait bien que les seuls aspects négatifs de la salope, provoquant une répression, ne soient que les étiquettes que nous, en tant que représentants de la société, plaçons sur elle. A quoi ressemble cette activité si nous ne plaçons dessus aucune étiquette ?

Il y a des gens, beaucoup de gens à mon avis, qui aiment le sexe. Ils ont toujours une expression charmante sur le visage et semblent se sentir bien après un orgasme. Ça n'a pas l'air d'être pour eux une chose difficile ou douloureuse, et ils ne semblent pas être sujets à l'agitation ou à l'angoisse. Beaucoup de personnes trouvent très agréable de donner du plaisir aux autres, comme à elles-mêmes. Lorsqu'elles peuvent donner ou tirer ce plaisir de plus d'une personne, il semblerait que la satisfaction soit proportionnelle au nombre de personnes ayant pris leur pied. Je ne vois pas en quoi ce serait une mauvaise chose. De telles personnes, d'après ce que j'en ai appris dans le cadre de mon expérience personnelle et limitée, n'ont pas l'air d'être amochées ou d'avoir des raisons de se plaindre.

D'autres considèrent cette activité comme une forme de service. Au cours de ce service, un certain nombre de choses peuvent arriver. Si le couple vit une relation domination/soumission, cela implique, de la part de la fille, loyauté envers son Maître. Il s'agit d'un acte qui augmente la valeur de l'esclave comme du maître (là encore nous présumons que ce service n'est pas une expérience humiliante, mais une expérience gratifiante). Cela devient une expérience enrichissante. On peut tirer beaucoup de plaisir du fait d'effectuer correctement sa tâche, de savoir qu'on en est capable. D'autre part, il est triste le maître qui ne cherche pas à éduquer son esclave, à enrichir la vie de celle qui le sert. Triste aussi le maître qui ne cherche pas à ce que l'obéissance atteigne l'excellence. Personne ne veut mal servir, ou être mal servi. A vrai dire, de nombreux maîtres parlent avec fierté de celles qui les servent, et de nombreuses soumises parlent fièrement de leur capacité à bien servir. Lorsqu'on peut dire : "Je suis la meilleure dans ce que je fais" ou "Je peux sincèrement dire que j'ai vraiment fait du mieux que je pouvais" (en sachant que c'est vrai), l'on se sent anoblie, élevée et vivifiée. Porter un collier en de telles circonstances relève de l'amour-propre. Ce n'est pas du tout négatif.

Question expression et exploration de soi, les salopes sont importantes. Il est beaucoup de termes que notre société considère comme des insultes. "Salope" en fait partie. Si nous considérons nous-mêmes et notre société, nous devons faire en sorte d'être suffisamment libres pour considérer les choses de manière détachée. Très souvent, le maître s'adressera à son esclave d'une manière, ou dans des termes, qui sembleront choquants à des observateurs extérieurs. Il y a souvent une raison à cela (étant acquis que le Maître agit au mieux des intérêts de l'esclave). Une fois que l'on a l'habitude et que l'on accepte d'être une salope, une chienne, une pute ou un trou, peu importe le terme, cela vous met à part de la "norme" sociale. Dès lors, il est possible de se positionner par rapport à la manière dont on effectue correctement ses tâches et ce qu'on est, globalement, comme individu ; l'aspect sexuel de notre vie n'étant plus remis en question. La soumise peut expérimenter dans la joie la totalité de l'expérience comme une expression physique, intellectuelle et émotionnelle de son être propre et de ses besoins propres. Cela lui permet également de s'affranchir du monde autour d'elle, de ses activités comme de ses pratiques, d'une manière très réelle, presque scientifique. Ce type d'examen clinique laisse peu de place à l'occultation de la vérité. La soumise peut franchement déclarer : "Oui, je suis une salope et une bonne. Je peux tout faire et le faire bien. J'aime ça, et puisque je ne saurais être intimidée ou gênée par ce que je fais, je vois le monde tel qu'il est. Je m'accepte telle que je suis et l'on m'accepte pour ce que je suis. Mon collier est le symbole de ma liberté. " On se demande combien de personnes peuvent parler de la sorte. »

Se pose maintenant la question de savoir comment le sacré intervient dans de telles activités. Chez les Wiccans et chez de nombreux Néo-Païens, dans le cadre de l'"Exhortation à la Déesse", il est des paroles signifiant que tous les actes de plaisir sont Son Culte. Ce culte est sacré. Dans le rituel des Gâteaux et de la Bière, l'on effectue un grand rite symbolique. Il s'agit d'un acte de consécration lors duquel Dieu et Déesse se rejoignent dans l'union sexuelle. Cette union est sacrée. Le mélange du sperme et des sécrétions vaginales est considéré comme étant "l'élixir de vie". Une appellation correcte, précisément sacrée. Ces quelques éléments suffisent à clairement définir la nature sacrée du sexe. Et donc, une salope devenant experte pour ce qui est d'octroyer du plaisir à d'autres personnes, de toutes les manières possibles, devient effectivement un être fort sacré. Elle doit être prisée, respectée, recherchée. De diverses manières, une salope estimable est, par nature, fondamentalement sacrée, et en effectuant sa tâche, elle réalise un acte religieux et implique des tiers dans cet acte.

Traduction française par Philippe Pissier

LE SCEAU DES 3 LIQUIDES

Coyote 354

Ce rituel devrait être effectué seul, le vingt-troisième jour du mois, débutant à 23 heures, dans un endroit où tu ne seras ni distrait ni interrompu. Selon ce qui est faisable, tu rendras ton environnement et ton atmosphère aussi favorables que possible à la réalisation de ton Sceau. De préférence, une bougie sera ta seule source lumineuse. Ce Sceau doit être élaboré nu.

L'un des desseins de ce rituel est de concentrer ton attention et ton énergie sur tes fantasmes sexuels les plus intenses. Pour cela, tu dois d'abord les cerner et les coucher sur un morceau de papier. Il faut que ce soit ce qui engendrera en toi la plus grande excitation, le plus grand plaisir et la plus grande satisfaction possibles, sans se soucier de ton identité, de ton sexe, de ton âge, ou de ceux qui participent avec toi. Sois en vie et innocent. Il est essentiel que tu sois totalement honnête envers toi-même, tu ne dois pas écrire quelque chose parce que tu penses que cela satisferait d'autres personnes - souviens-toi que le but de ton Sceau est de faire que ces choses arrivent pour de vrai. Une fois que tu as couché ton fantasme sur ton morceau de papier, tu dois rendre ce papier spécial.

Pour cela, il doit rentrer en contact avec les trois liquides de ton corps. C'est-à-dire la salive, le sang, et l'OV (c'est le nom que donne le Temple aux fluides obtenus via la masturbation) : semence pour le mâle et cyprine pour la femelle. Par exemple, laisse tomber quelques gouttes de salive sur ta page, puis quelques gouttes de sang. Pour cela, tu dois employer un instrument tranchant et aseptisé. Souviens-toi que tu n'as besoin que d'une petite quantité, et use de bon sens dans la méthode employée. Pense également à l'hygiène avant et après. Pour finir, et cela de la manière qui te procurera le plus de plaisir, va jusqu'à la jouissance et permets à ton OV de rentrer en contact avec ton papier. Pendant que tu fais de la sorte, concentre-toi non seulement sur le fantasme écrit mais aussi sur ton idée de ton Temple, et sur le fait que concrétiser ce Sceau te rapprochera inévitablement de ce que tu veux vraiment.

Tu dois ensuite attacher à ton papier une mèche de cheveux et quelques poils pubiens.

Souviens-toi que ces 2 types de cheveux et ces 3 liquides peuvent être incorporés à ton Sceau de Papier de n'importe quelle manière adaptée aux idées consignées. Tes actes de base, ébauchés ci-dessus, ne doivent pas être considérés comme une limite. Une partie du processus consiste à découvrir ta créativité innée, à trouver ta manière propre de créer quelque chose tien, peu importe sa petitesse ou son caractère éphémère.

Souviens-toi que ce processus de confection de Sceaux est avant tout expérimental et auto-initiatique (TOPY), et devrait être abordé comme tel. Ton Temple espère que tu rédigeras un compte-rendu, avec informations et observations quant à ta pratique. Une copie de ton compte rendu devrait être envoyée avec le Sceau.

Laisse ton Sceau de Papier sécher toute la nuit dans un endroit sûr. Le jour suivant, envoie-le à ton Temple. Inutile, si tu ne le souhaites pas, de joindre ton nom au Sceau de Papier. Tout envoi à ton Temple demeurera pour toujours totalement confidentiel, et sera stocké dans une cave fermée à clé. Tous les candidats qui réaliseront ceci de manière satisfaisante recevront des encouragements personnels, des suggestions et des directives pour les rituels des mois à venir.

NOTE : si tu décides de faire ce Sceau, c'est sous ton entière responsabilité. C'est toi qui en retireras quelque chose, pas ton Temple. Ton Temple n'acceptera aucune réclamation à son encontre, qui viendrait des conséquences de ton Sceau ou de questions connexes. Ton Sceau ne peut être conseillé qu'à ceux ayant atteint l'âge légal ou l'âge nubile de la contrée dans laquelle ils vivent.

Traduction française par Philippe Pissier

SEXE ANAL ET SORCELLERIE

Phil Hine

~

Je me souviens très bien de la première fois où je me suis fait enculer. Epuisé et relaxé après avoir fait l'amour tout l'après-midi, j'étais étendu, vautré, sur le lit de mon compagnon. Et j'ai prononcé ces mots fatidiques : "Fais ce que tu veux de moi". Du coin de l'œil, je le vis s'emparer d'une bouteille en verre, en forme de licorne, remplie d'un liquide jaunâtre (de l'huile d'amande douce), et j'ai compris ce qui allait se passer. Je n'avais pas peur, je n'éprouvais qu'une grande sensation de détente. Ça ne m'a pas fait mal mais, au moment de la pénétration, une personne meurt et une autre renaît. Une "initiation", pour sûr, et une qui me donna des aperçus de certaines choses, lesquelles je vais maintenant tenter d'agencer dans un article cohérent.

Quels sentiments surgirent en moi lorsque je me fis enculer ? Deux mots, peut-être, pour les décrire au mieux : abandonnement et possession. En me faisant enculer, j'abandonnai toutes mes défenses égotiques, m'ouvrant à une autre personne à un niveau très profond, et abandonnant tous les "masques sociaux" que je porte dans mes relations avec le monde. Je m'abandonnai au plaisir total, et au plaisir de mon amant. Je passais du rivage de l'extase à celui de l'agonie, jusqu'à me mettre à gémir et pleurer de manière incontrôlable, un doux liquide de feu dans mon ventre et un violent picotement tout à fait perceptible au bout de mes doigts. A ce jour, je n'ai pas eu d'orgasme en me faisant seulement enculer, mais il y a le fait que la plupart du temps éjaculation et orgasme soient pour moi deux expériences différentes, l'éjaculation du pénis me semblant de peu d'importance par rapport aux sensations qui semblent menacer de déchirer mon corps en deux lorsqu'un amant est en moi. L'orgasme d'un amant en moi m'apporte une sensation de grande paix, de satisfaction. J'ai l'impression d'avoir été revitalisé, de pouvoir repartir dans le monde avec une lumière intérieure. Je regrette profondément, qu'en ces temps de prise de conscience du Sida, je ne puisse recevoir la semence d'un amant. Néanmoins, c'est via l'abandon à un autre que je réaffirme ma personne.

Au même moment que je m'abandonne, je suis également dans un état de possession. Il est plus difficile d'écrire là-dessus mais c'est à mon avis lié à une mauvaise perception, très commune, des rapports sexuels : le "passif" et l'"actif". Pour ma part, je préfère les mots « donneur" et "receveur". Notre misérable conditionnement patriarcal a engendré l'idée que actif égale masculin et que passif égale féminin. J'en suis arrivé à rejeter de plus en plus ce type de pensée. Ce n'est pas parce qu'une personne (mâle ou femelle) admet dans son corps le pénis d'un amant qu'elle est automatiquement "passive". Ceci est clairement illustré par les icônes tantriques de Kali chevauchant Shiva. Le conditionnement social est suffisamment fort pour que des hommes gays pensent que quiconque se fait prendre par le cul est moins qu'un "mâle", tout cela parce que s'abandonner au plaisir n'est pas un comportement "mâle" approprié. Et pourquoi pas ? Pour ma part, je trouve que me faire baiser est une célébration de ma masculinité. Je ne pense même jamais avoir abandonné à l'autre mon pouvoir personnel (sauf, bien sûr, dans le cas d'un jeu de rôle, sexuel, portant sur "l'abandon" du pouvoir).

J'ai souvent la sensation d'exercer un pouvoir "sur" l'amant qui me baise. Son plaisir et son éjaculation réaffirment ma propre puissance intérieure. Quelque part dans ses journaux magiques, Aleister Crowley disait qu'il aimait à penser que "lorsqu'un homme me baise, c'est parce que je suis beau". Les comptes rendus exhaustifs des opéras sexuels de Crowley (telle l'Oeuvre de Paris) montrent qu'il préférait être le partenaire receveur lorsqu'il s'agissait de magick sexuelle de nature homosexuelle. Néanmoins, l'importance de cette magick sexuelle, effectuée en compagnie de personnes tel Victor Neuburg, tend à être oubliée par les héritiers de sa philosophie magique. Et pourquoi, à votre avis ?

L'intensité de ces sensations, celle de s'abandonner au plaisir et d'en même temps posséder un autre être, tout en étant possédé du même coup, je l'ai retrouvée ailleurs, depuis les nuances de transe lorsqu'un esprit fait ombrage à ma conscience jusqu'à la totale possession par l'esprit au cours du rituel et de la danse. La transe de possession est considérée de manière équivoque dans l'occulture occidentale, de même que pour de nombreux hommes il est anathème de se laisser pénétrer par le pénis d'un autre. De diverses manières, lorsque je permets à ma psyché d'être pénétrée par un esprit (Déeese, Dieu, ou autre), cela déclenche en moi les mêmes sensations que lorsque je me fais baiser physiquement. La clé semble en être le déplacement, conscient ou voulu, d'un ego à un autre - offrir mon corps comme véhicule pour la transmission d'une énergie. Crowley y fit allusion dans son essai sur la magick dévotionnelle (Bhakti Yoga), le Liber Astarté (reproduit dans Magick). Le summum de la Bhakti, c'est d'être pénétré par l'esprit avec lequel on travaille. Lors d'un Beltaine, j'attirais la Déesse Eris au-dessus de moi et Pan au-dessous de moi (à moins que ce ne fut derrière moi), ils se rencontrèrent quelque part au milieu et je perdis connaissance en leur orgasme. Jean Genêt suggère qu'une relation homosexuelle "oblige" un homme à découvrir les éléments féminins de sa psyché, mais que ce n'est pas nécessairement *"le plus faible ou le plus jeune, ou le plus doux des deux, qui y réussit le mieux, mais le plus expérimenté, pouvant être le plus vieux ou le plus fort."* (Querelle de Brest). Il y a en cela une part de vérité, mais il est également vrai que les deux partenaires peuvent s'éclater à lâcher la bride aux aspects féminins de leur psyché, au même moment, ou à des moments différents. Je pourrais aussi bien discuter ici du concept magique de "polarité", qui sous sa forme la plus simple est le concept très coté de Dieu et Déesse à l'intérieur de soi. Le problème de la "polarité", c'est lorsque la divinité est confondue avec le conditionnement et avec ce qui est supposé être des qualités "féminines" ou "masculines". On nous répète sans cesse et sans cesse que le feu est masculin et l'eau féminine, que la capacité à manifester ses émotions et à être intuitive est féminine, et que l'analyse intellectuelle est masculine. Mais qui le dit ? Les critiques féministes du conditionnement affirment que nous ne connaissons masculinité et féminité que parce qu'elles ont été définies de manière spécifique. Oeuvrer au-delà de ces limites est assurément une tâche principale du processus de développement. La plupart des choses passant pour des "lois occultes" ne sont juste qu'une justification "spiritualisée" du conditionnement et des préjugés raciaux. Pour les homos, la polarité n'a aucun besoin d'être simpliste en assumant que l'un des partenaires tient le rôle féminin - vous pouvez reconnaître le féminin sans cesser de donner votre pénis à un autre homme. Vous pouvez célébrer les éléments masculins de la psyché tout en recevant une autre bite en vous-même. Les Déesses et les Dieux ne sont pas sujets aux mêmes restrictions que les humains : après tout, qu'est-ce que cela voudrait dire s'ils l'étaient ? Leur imposer nos propres limites étroites, c'est ne pas comprendre toute la démarche consistant à les invoquer. J'invoque en moi afin d'aller au-delà de mes présentes limites - afin de m'unir momentanément à quelque chose de plus grand, ou au-delà de mon ego. Quelquefois, la personne qui m'aime devient un Dieu, ou une Déesse - est-ce que c'est trop fantasque pour vous ?

Un autre conditionnement contre lequel j'ai dû lutter fut l'assertion erronée d'après laquelle, d'un point de vue Tantrique, le sexe entre hommes ne possède aucune valeur. Cependant, comme j'étais plus à l'aise par rapport à mes sensations et mes désirs vis-à-vis des pratiques entre hommes, cette notion partit assez vite de ma tête. A partir de mon expérience, je puis affirmer que j'ai eu des expériences tantriques avec des hommes aussi fortes que celles que j'avais eu auparavant avec des femmes. Des sensations telles que la "Vague de Béatitude", voir mon amoureux baigné de lumière dorée, l'orgasme total de tout le corps, et une sensibilité accrue de l'activité de la kundalini, sont aussi possibles dans une relation homosexuelle que dans une relation hétérosexuelle. Le sexe anal est bien entendu un moyen très efficace de stimuler le muladhara chakra, en dépit de tout ce que peuvent dire certains traités de magie sexuelle. Personnellement, je dirais que mes expériences sexuelles avec d'autres hommes m'ont fait vivre des expériences décrites dans la Magie Tantrique, et que celles-ci ont été d'autant plus forte en raison de l'évident élément de catharsis : pouvoir concrétiser des désirs longtemps réprimés constitue généralement une puissante source d'énergie, pouvant bien entendu être magiquement dirigée.

Les travaux modernes (post-Crowley) sur la magick sexuelle semblent traiter l'homosexualité de deux seules manières. Ou on vous met en garde en vous disant que c'est mal : ça bloque vos chakras, ça "inverse" la kundalini ou "ça crée un vortex astral sombre". Ou alors il y a la vue plus positive d'après laquelle le sexe des partenaires n'est pas important, et que "l'énergie" est la même. Je préfère évidemment cette dernière position, même si je pense que les choses ne sont pas aussi simples. Les auteurs la défendant tendent à souligner que la magie sexuelle ne fonctionne bien que dans le cadre d'une relation solide, ce qui est vrai jusqu'à un certain point mais écarte soigneusement toutes les facettes de la culture sexuelle gay qui dérangent tant la société hétéro : le sexe anonyme, le SM, et tout particulièrement le sexe de groupe. Il n'y a qu'en Angleterre qu'il semblerait y avoir quelques individus et groupes tentant d'écrire intelligemment (ou, plus important encore, avec sensibilité) sur les possibilités d'un authentique Tantra homosexuel, et le seul groupe qui fournisse un appui et des approches magiques spécifiquement adaptés aux gays est le Réseau International Vaudou. Souhaitons que, comme la question de la spiritualité touche de plus en plus de monde dans la communauté gay et que de plus en plus d'occultistes homosexuels déclarent leur choix, la situation changera.

Pour conclure, j'irai jusqu'à affirmer que se faire baiser est, pour moi, une expérience intensément sacrée ; que la spiritualité réside dans la célébration du plaisir plutôt que dans la négation du corps. Prendre un autre homme avec ma queue est bien entendu une grande source de plaisir, mais d'un ordre différent, et mes réflexions sur le sujet seront pour une autre fois.

Cet essai fut publié pour la première fois dans le magazine Chaos International n°11.

Traduction française par Philippe Pissier

ENGENDRER DES DIABLES DANS LE CHAOS : L'HOMOSEXUALITÉ ET L'OCCULTE

Phil Hine

~

Sommaire :

    Démons Sexuels

    Magick Sexuelle

    Le Sexe en Marge

    Se Détacher de la Polarité

    La "Diabolisation" de l'Homosexualité

    Inclure "l'Autre"

    Nature contre Education

    Au-delà de l'Etiquette

***

"*Ainsi le blasphème de la formule homosexuelle, parce qu'elle nie Babalon et engendre des diables dans le chaos.*" Kenneth Grant.

Comme tout autre champ de l'exploration humaine, l'occultisme engendre des théories pour expliquer/comprendre les myriades de facettes du comportement humain. Pour certains, ces théories ne sont rien d'autre que des indications, des concepts à évacuer comme s'accroît la connaissance et la perspicacité de l'individu. Pour d'autres, les diverses théories deviennent des dogmes - des croyances fixes qui deviennent fermement incrustées dans la psyché individuelle, se manifestant comme des préjugés : des attitudes perpétuées par l'ignorance. Les conceptions occultes de la sexualité ne sont pas différentes de celles provenant d'autres angles de la société - elles peuvent être employées pour confirmer les préjugés, et l'élever jusqu'à un plan "spirituel" ou "traditionnel" de sagesse communément admise. Cela devient clair lorsqu'on voit des occultistes tenter "d'expliquer" l'homosexualité. L'on parle beaucoup de déséquilibre des chakras, d'inversion de la kundalini, d'âmes féminines dans des corps masculins, et ainsi de suite. Le niveau de sophistication peut aller du simple "ce n'est pas naturel" jusqu'à des débats extrêmement approfondis sur les chakras, la kundalini, les auras endommagées. Un auteur a récemment affirmé dans un magazine païen que « *l'homosexualité est maudite dans le symbolisme et la tradition de la Sorcellerie des Sages, laquelle est fermement basée sur la polarité de l'homme (le Dieu Cornu) époux de la femme (la Déesse). Pour deux hommes, ignorer la Déesse, c'est une profanation de la terre elle-même !* »

L'homosexualité et la magick sont, depuis la grande renaissance occulte du siècle dernier, des camarades de lit pas trop à l'aise, et il n'y a guère eu de tentatives pour développer une magick sexuelle gay avec une certaine profondeur, du moins en ce qui concerne le domaine public.

C'est dû en partie à ces attitudes fixes quant à la nature "magique" de l'homosexualité. Un grand nombre d'idées occultes "virales" couramment en circulation furent engendrées durant les jours de gloire de la Société Théosophique, comme par exemple l'identification du Sentier de la Main Gauche au mal & du Sentier de la Main Droite au bien, en raison du rejet par les Théosophes de la sexualité et de son rôle actif dans le Tantra. Lorsque l'un des leaders du mouvement Théosophique fut impliqué dans un scandale sexuel impliquant des garçons pubères, le tumulte qui en résulta fit non seulement du tort au mouvement Théosophique dans son ensemble, mais donna également naissance à des rumeurs selon lesquelles il existait des groupes de "Magiciens Noirs" qui obtenaient de la puissance occulte en vampirisant psychiquement de jeunes garçons. De telles rumeurs reçurent un crédit important grâce à Dion Fortune qui, au cours des années vingt et trente, affirma qu'il existait une conspiration d'occultistes mâles employant des "techniques homosexuelles" pour construire ce qu'elle appelait une "puissance astrale noire". Elle imputait également le déclin des empires romains et grecs à l'attitude détendue que ces cultures avaient vis-à-vis de l'homosexualité.

Bien qu'elle n'ait jamais nommé aucun de ces "Adeptes Noirs", il est clair qu'elle devait probablement faire allusion à C.W. Leadbeater et, sans doute, Aleister Crowley également.

L'attitude de Crowley vis-à-vis de l'homosexualité est ambivalente, pour ne pas dire plus. Bisexuel actif et enthousiaste, il eut plusieurs amants mâles, dont le plus célèbre fut le poète Victor Neuburg, son partenaire dans une série d'opérations de magick homosexuelle connue sous le nom d'Oeuvre de Paris, lors desquelles Neuburg et Crowley effectuèrent une série d'invocations où le rapport anal servait à atteindre des états de gnose. Les résultats de cette série d'opérations magiques démontrèrent à Crowley la puissance de la magick sexuelle comme moyen d'obtenir des résultats, et il rédigea des documents magiques relatifs à la valeur du VIIIème degré (autosexuel), du IXème degré (hétérosexuel) et du XIème degré (homosexuel), qu'il incorpora à l'enseignement de l'Ordo Templi Orientis lorsqu'il le révisa. Crowley rédigea également un livre de poèmes consacré à l'amour entre hommes, ou plus exactement entre un homme et un garçon : "Bagh-I-Muttar, The Scented Garden of Abdullah the Satirist of Shiraz", publié en 1910. Bien qu'il soit digne de figurer dans une collection de livres de Crowley, le "Bagh-I-Muttar" n'est pas un manuel d'instructions pratiques. Des interprètes de l'œuvre de Crowley, tels Kenneth Grant et feu Israel Regardie, ont cherché à "excuser" son emploi de ce que Grant nomme délicatement "la formule homosexuelle".

Les traités modernes de magick sexuelle tendent ou à ignorer l'homosexualité mâle, ou à prétendre que le sexe des partenaires importe peu lorsqu'il s'agit de faire monter l'énergie. Néanmoins, ils tendent à accentuer l'importance de la magick sexuelle au sein d'un couple affermi, négligeant toute référence aux zones de la culture sexuelle gay qui déplaisent tant à la société hétéro : sexe de groupe, SM ou sexe anonyme. Il est clair qu'il n'y a pas d'auteur valable à même de surmonter les phobies occultes répandues au sujet de l'homosexualité (tout spécialement l'homosexualité masculine, certains manuels de sexualité occulte affirmant que la féminine est OK, après tout c'est excitant, pas vrai ?), face à la brigade des "chakras bloqués". Car affirmer que "les énergies sont au fond les mêmes", puis décrire des pratiques dans des termes purement homosexuels, c'est passer à côté de ce qui peut probablement être différent dans la magick homosexuelle.

Peut-être que la source d'inspiration et d'idées la plus disponible quant à la magick sexuelle gay se trouve dans l'œuvre de l'écrivain américain William Burroughs. Les textes de Burroughs, fiction ou non-fiction, contiennent de nombreuses références à des actes homosexuels réalisés à des fins magiques, et une appréciation de ces thèmes s'ensuit.

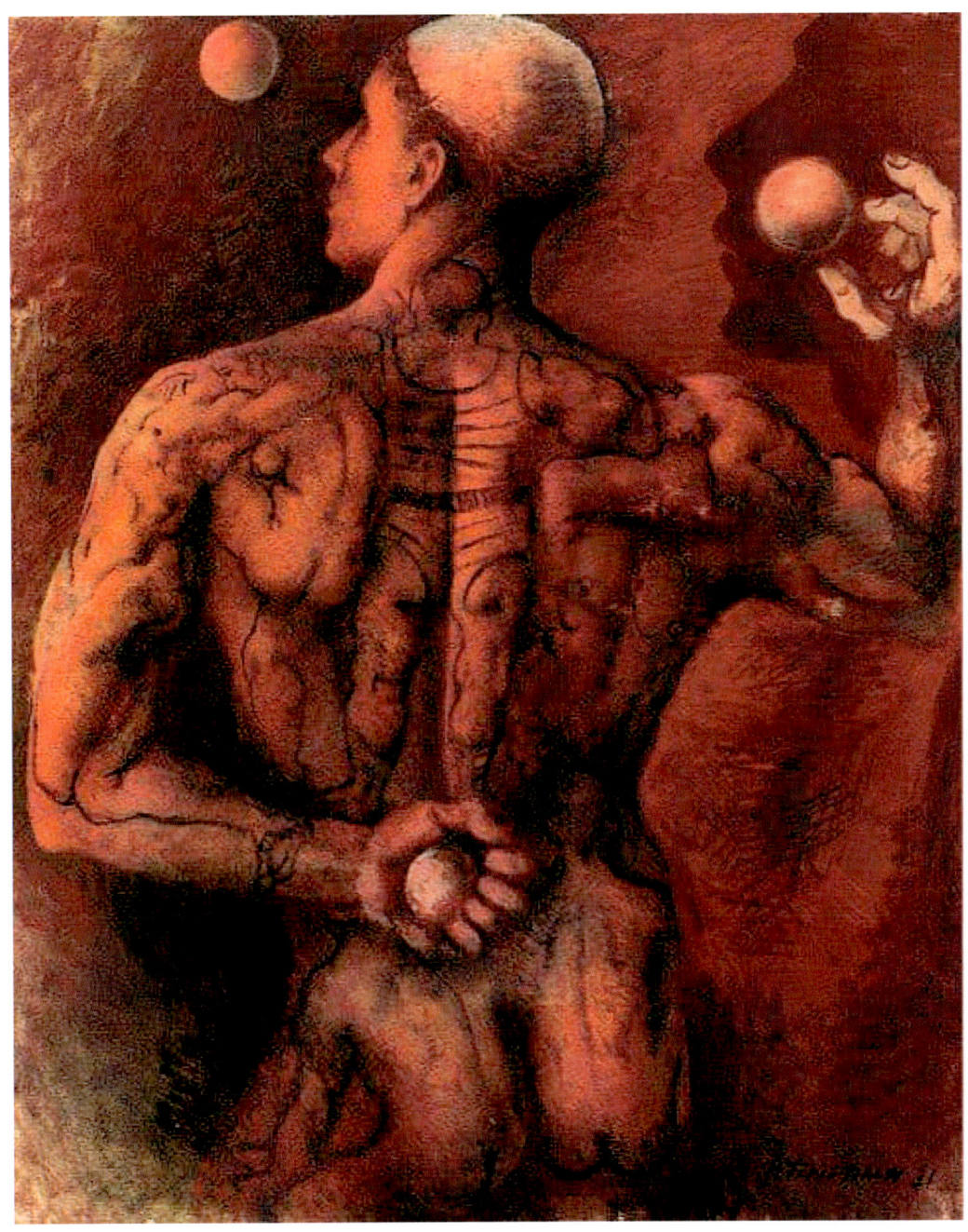

Démons Sexuels

Le thème des incubes et succubes, de leurs visites, est rarement abordé par les auteurs magiques contemporains, bien qu'il ait été employé encore et encore par les divers nègres [ndt : dans le sens littéraire] des romans d'horreur à dix francs, comme le ressort d'une intrigue basée sur le sang et le désir standardisés. Les démons sexuels ont été bannis, ou ils furent expliqués comme hallucinations par les psychologues, ou ils furent rejetés comme simple manifestation de la mythologie masturbatoire antisexuelle. Bien sûr, les prêtres chrétiens maintiennent que de telles rencontres sont des visites du Diable.

Tous les occultistes de la seconde moitié du 20ème siècle les mentionnant le font généralement dans un contexte d'avertissement contre le "commerce" avec de telles entités. Ils croient que l'obsession ou la perte de vitalité en est l'inévitable résultat. Michael Bertiaux, par exemple, dans un document d'un grade du "Monastère des Sept Rayons", parle de vampires sexuels attirés par la décharge d'énergie odique au cours de l'orgasme, et recommande qu'une barrière psychique soit érigée (!) avant d'entamer quelque magick sexuelle, et ce afin de les empêcher d'absorber vos orgones.

Pour ce qui est des démons sexuels (comme de bien d'autres sujets), la magick occidentale demeure éclaboussée des écumes antisexuelles de la Société Théosophique, de la Qabal Chrétienne et d'autres organisations se réclamant de la "Voie de la Main Droite". A la base, le syndrome VMD (Voie de la Main Droite) semble attirer tous ceux qui possèdent un parti pris extrêmement dévotionnel envers leur vision du monde, qui rendent "service" d'une immense manière, avec des idées de péché ou de karma cosmique, et qui séparent l'âme, le corps et l'esprit, rejettent la sexualité à un niveau ou à un autre. D'autre part, les tenants de la VMG (Voie de la Main Gauche) ne sont pas spécialement enclins à s'agenouiller, on a des doutes sur leur "service", et on s'inquiète de leur capacité à faire des galipettes ! Par contraste avec ces mœurs prédominantes, Burroughs a une approche plus large, plus vaste, des incubes et des succubes :

"...un incube ou un succube peut être inoffensif, ou il peut être destructeur. Comme dans toute situation sexuelle, tout dépend de comment vous manœuvrez. Toute forme de sexe est potentiellement dangereuse... Nos sensations sexuelles nous rendent vulnérables. Combien de personnes ont-elles été détruites par un partenaire sexuel ? Le sexe fournit une possibilité d'invasion, et les incubes et les succubes ne font que nous en faire prendre intensément conscience. " Tiré de "Notre Agent au Bunker" (V. Bockris).

Dans "Parages des Voies Mortes", le protagoniste Kim Carsons savoure plusieurs rencontres avec des démons sexuels :

« Il savait que l'horreur de ces Démons Amoureux était une ombre projetée par les Chrétiens. Au Japon, il existe des fantômes amoureux connus sous le nom de "jeunes renardes", lesquelles sont grandement prisées, et l'homme pouvant poser ses mains sur une jeune renarde est considéré comme chanceux. Il était sûr qu'il existait également de jeunes renards. De telles créatures peuvent assumer la forme de l'un ou l'autre sexe. »

D'après Burroughs, l'attitude des gens envers ces êtres peut changer, mais de telles visites sont probablement plus fréquentes qu'on ne le suppose. Il les classe comme "esprits familiers" (pour sûr, ils le sont !) et observe que, comme les familiers animaux ou élémentaux, leur évolution dépend de leur relation avec un hôte humain. L'on peut trouver de mêmes idées dans l'école Tantrique dite Kaula, et il existe de nombreux rites pour contacter de tels êtres. En gros, l'idée c'est de les baiser et ils vous font en retour une faveur. L'aspect négatif d'une telle rencontre, c'est qu'à la base un incube ou un succube peuvent être de bons serviteurs mais de mauvais maîtres, et que des rencontres répétées avec des démons sexuels peuvent mener à une réduction des rapports sexuels physiques. Burroughs spécule sur les possibilités d'une fréquence accrue des contacts entre humains et démons sexuels :

« Le sexe, c'est de la physique. Si tout le monde pouvait presser un bouton et recevoir un incube ou un succube, je pense que beaucoup de gens préféreraient un partenaire fantôme que le véritable rapport, trop monotone. » - Notre Agent au Bunker.

L'exploration de Burroughs de tels contacts durant des états oniriques présente un intérêt particulier. De vifs rêves éveillés, des états hypnagogiques et des rêves lucides peuvent tous servir de moyen pour contacter des démons sexuels (NB : l'emploi de sceaux avant le sommeil peut être particulièrement efficace). Il postule que des contacts avec de tels êtres, au cours "d'états de rêve", peuvent servir d'entraînement pour le voyage spatial.

Les fictions de Burroughs sont parsemées de progéniture élémentaire, de garçons-lézards et de garçons-crabes, d'adolescents ailés, de plantes symbiotiques, de vénusiens amphibiens et de "zimbu", des clones des Garçons Sauvages engendrés à la fois par la technologie et par des rites sexuels. De même que certaines féministes explorent la possibilité d'un certain licenciement des mâles pour ce qui est de la reproduction (par exemple, la parthénogénèse par raccordement ADN), Burroughs crée des mondes fictifs entièrement composés de sociétés mâles, où "l'artefact humain" peut évoluer :

"Le sexe constitue la matrice d'un univers dualiste, et donc solide et réel. Il est possible (i.e. le sexe entre mâles) de résoudre le conflit dualiste lors d'un acte sexuel où le dualisme n'existe pas." ("Parages des Voies Mortes").

Burroughs ne semble pas se faire l'avocat de l'androgynie - la fusion des qualités et énergies masculines et féminines - mais proposer la divergence entre les sexes ; une évolution biologique distincte. Il ne s'intéresse pas au redressement ou à la maintenance des archétypes du passé, mais aux adaptations biologiques pour la vie future... "de véritables êtres conçus pour le voyage spatial."

Un autre thème proche est son emploi du sexe comme moyen de voyager dans le temps. Les protagonistes de Burroughs emploient souvent des changements de forme sexuelle pour pénétrer diverses zones de l'espace-temps :

"Xolotl m'expliquait qu'un seul corps est laissé dans le commutateur où ils allaient me pendre et que lorsque je déchargerai et mourrai je passerai dans son corps." ("La Machine Molle").

Ailleurs, Burroughs remarque que le conditionnement sexuel est "...l'une des ancres les plus 'puissantes' pour enraciner son ego dans le temps présent." Plusieurs de ses désorientantes séquences cut-up appliquent des méthodes de brouillage d'images sexuelles, de manière à détacher l'individu de la cyclicité temporelle, laquelle rend dépendant.

Une technique similaire est l'emploi de la Projection Astrale qu'il décrit (suivant les travaux de Robert Munroe) comme "sexe dans le second état". Deux personnages apprennent à avoir des relations sexuelles dans le second état au cours de l'une des scènes maritimes des "Cités de la Nuit Ecarlate" :

« *Un jumeau lâcha un hurlement de loup aigu et surnaturel, et devint rouge vif au moment où tous cheveux et poils de son corps se dressèrent et crépitèrent. Puis, comme s'il avait été frappé par la foudre, il tomba au sol, en pleine attaque érotique, éjaculant à répétition devant les loups de mer lubriques et consternés.* »

La projection astrale, comme le rêve, est une autre route menant à l'espace, et, là encore, de tels voyages en imagination sont des préparations pour le vrai truc.

Magick Sexuelle

"Nous sommes les enfants des enfers, les venins amers des Dieux." ("Parages des Voies Mortes").

En plus des modes de sexualité psychique déjà discutés, divers autres emplois de la magick sexuelle surgissent ici ou là dans l'œuvre de Burroughs. Par exemple, dans "Parages des Voies Mortes", Kim Carsons effectue un acte de masturbation magique afin de projeter une forme-pensée, il emploie l'extase pour façonner la lumière astrale selon sa volonté, catapulte l'image de son désir au moment de l'orgasme. La magick sexuelle est aussi employée pour invoquer divers Dieux sombres tel Humwawa, le Seigneur des Abominations. Il décrit le parfum adéquat (que les concepteurs d'encens prennent note!) :

"sueur rance, mucus rectal et organes génitaux adolescents, adoucis par des huiles d'hyacinthe, de musc et de rose." ("Parages des Voies Perdues").

Dans "Les Cités de la Nuit Ecarlate", le détective privé Clem Snide et son assistant essaient la magick sexuelle afin de faire avancer leur enquête sur une étrange affaire. A l'aide la magick sexuelle, ils réalisent une invocation de Set :

"Je me baissai et Jim m'huila l'anus puis rentra sa bite en moi. Un son de rugissement entra dans mes oreilles comme images et bandes enregistrées tourbillonnaient dans mon cerveau. Des silhouettes vagues surgirent à la lumière des bougies : la déesse Ix Tab, protectrice de ceux qui se pendent... un horizon de potences, des cités en feu d'après Bosch... Set... Osiris... l'odeur de la mer. Jerry pendu nu à la poutre."

Plus loin dans le livre, l'esprit de Jerry va dans l'assistant de Snide, et l'aide de l'ex-amant de Jerry est requise pour expulser l'esprit. L'esprit de Jerry doit obéir à ce garçon, car il est celui qui l'avait "le mieux" baisé. La description de ces rites ne s'attarde pas aux aspects érotiques, mais sur les images - visions, odeurs, sons - de désir projetés dans l'ampoule de flash de l'orgasme. Dans "Les Cités de la Nuit Ecarlate", on explore également le lien entre sexe et créativité. Des pirates adolescents conçoivent de nouvelles armes explosives en baisant avec des idées à moitié ancrées dans la réalité. Se démenant avec un nouveau concept, ils sont saisis par un désir spontané, dont le résultat sera une nouvelle idée.

Le truc orgasme-mort est sans doute le plus célèbre des thèmes sexuels de Burroughs. Il a été décrit comme une forme d'alchimie, lors de laquelle l'ego est transféré dans un autre corps au moment de l'éjaculation. On retrouve des rituels de pendaison encore et encore et encore dans l'œuvre de Burroughs. Le lien entre sexe et mort (Freud appelait l'orgasme "la petite mort") est une célèbre formule magique, et il a inspiré le titre d'un ordre de la magick du chaos - les Illuminés de Thanateros -, gnose du sexe et de la mort. Les séquences de transfert orgasme-mort se produisent à la fois dans "La Machine Molle" et dans "Les Cités de la Nuit Ecarlate", où les "transmigrants" d'élite orchestrent soigneusement des rites orgasme-mort, de manière à ce que leurs egos puissent être transférés dans des corps de la classe connue comme celle des "réceptacles". La technique est de plus en plus raffinée jusqu'à ce que l'esprit puisse être directement transféré dans un réceptacle adolescent, circonvenant ainsi les processus de naissance et de première enfance.

D'après Burroughs, notre connaissance de la sexualité et de ses possibilités par rapport à l'évolution humaine est très limitée. Cela, principalement parce que la sexualité est un puissant moyen de contrôle psychique. Nous tendons à considérer l'aspect sexuel de notre expérience comme la partie la plus privée et la plus intime de notre vie, bien qu'il soit sujet à l'immense interférence et l'immense contrôle d'agents extérieurs. Dans ses œuvres, de fiction ou non, Burroughs explore les façons dont le sexe peut devenir un véhicule permettant d'échapper à l'oppressante et étouffante étreinte des programmes de contrôle maintenant la société. Il explore l'utilisation de la magick sexuelle à des fins précises, pour projeter la volonté afin de créer des formes-pensées, et pour l'inspiration et le rêve contrôlé.

Le Sexe en Marge

Comme le démontre la récente affaire de l'"Operation Spanner" menée par la police, il y a beaucoup de malaise judiciaire quant aux implications des pratiques sexuelles sadomasochistes. Les décisions de la cour, suite à la rafle par la police d'un cercle d'hommes ayant consenti à des pratiques SM (il n'était question de problèmes d'âge ou de contrainte), et relatives à ces dernières dont le piercing, les déclarèrent voies de fait. La question du SM comme pratique sexuelle a longtemps été l'objet de débats animés au sein des communautés gay et lesbienne. Les avocats du SM affirment qu'il s'agit de "jouer" des fantasmes, et que c'est bien plus sûr que le sexe avec pénétration, tandis que ses critiques prétendent que tout le symbolisme de l'attirail SM (menottes, fouets, chaînes, etc...) perpétue des symboles d'oppression. John Rechy, auteur de "City of Night", en donne un exemple lorsqu'il débat de la psychodynamique des fantasmes SM au sujet des gay s'habillant en policiers ou en soldats. Sans nul doute, le fait de forger un lien entre le SM et les pratiques magiques dérangera certains des magiciens les plus orthodoxes, bien que des éléments de bondage et de flagellation puissent se retrouver dans de nombreuses traditions magiques, depuis la "Danse du Soleil" des Amérindiens (où les participants ont des lanières de cuir passées dans les muscles pectoraux et demeurent suspendus en l'air tandis que le soleil tape en plein) jusqu'au Renouveau Sorcier, où l'on utilise des cordes, des nœuds, des "rites du fouet". Certes, nous savons que les dernières pratiques sont usitées pour des raisons "spirituelles" et non pour de sains motifs hédonistes. Ceci dit, la douleur et la contrainte sont des moyens courants d'induire un état modifié de conscience, spécialement dans les cultures chamaniques - un fait que les représentants du chamanisme prêt-à-porter ont oublié, en même temps que le piercing et les scarifications.

Une partie du problème, lorsque l'on tente d'examiner les possibilités de développer une approche gay de la magick sexuelle, c'est qu'il n'y a pas des tonnes d'options pour les gay voulant se lancer dans les pratiques occultes - la plupart des voies magiques (tout du moins en Angleterre) étant basées du point de vue hétéro, et beaucoup d'arguments pouvant être trouvés, contre la validité spirituelle des rites homosexuels, se peuvent trouver dans les écrits des modernes interprètes de la Wicca, de Théléma, de la Qabal, et de la Tradition Esotérique Occidentale en général. Peut-être qu'une exception à cette tendance générale serait l'américain "Monastère des Sept Rayons", un réseau de groupes vaudous mené par Michael Bertiaux, dans lequel des cours spéciaux sur la pratique magique pour gay sont disponibles.

Néanmoins, ce n'est pas seulement une question de techniques et d'acceptation de la validité de la magick sexuelle gay. Nous devons aborder de front la question de la magick et de la sexualité. Par-dessus tout, la magick est un processus d'adaptation aux changements dans notre environnement. Comme les années 90 nous propulsent de plus en plus vite dans un nouveau monde, nous avons de plus en plus le souffle coupé par une conscience de choc du futur. Nous avons à peine commencé à nous adapter aux faits de la vie citadine, sans compter la sexualité pluraliste que notre culture post-industrielle a produite. Il nous faut comprendre la sexualité, et comment la sexualité est reliée aux jeux de pouvoir qui s'agitent et baragouinent derrière la façade de la réalité sociale. La magick sexuelle est dangereuse, car elle subvertit la valeur conditionnée qui veut que sexe = procréation = noyau familial (où l'homme possède femme et enfants). Elle subvertit la valeur conditionnée qui veut que du bon sexe = x quantité d'orgasmes arrachés au partenaire. L'orgasme est devenu lui aussi un marché de matières premières où l'on peut vendre, acheter et faire de la réclame. La magick sexuelle peut offrir la chance d'apprendre qu'il se trouve quelque chose derrière les murs. La magick est dans nos corps et dans nos esprits. Cherchons et trouvons. Un récent débat télévisé sur la censure parlait du tabou sur le fait de passer un sexe en érection à l'écran. Pourquoi ? C'est le point sensible. Quelqu'un pourrait en rire.

Se Détacher de la Polarité

Méditer sur ce sujet m'amène maintenant à considérer tout le problème de la "Polarité". J'ai travaillé quelques années dans un Coven Alexandrin, où la polarité est une question importante. Vous savez, toutes ces histoires de mâle-femelle, positif-négatif, lumière-ténèbres, bas-haut, actif-passif. La question mâle-femelle était spécialement sensible, et toute Prêtresse devait avoir son Prêtre, et vice versa. Les hommes étaient le reflet du Dieu Cornu, et les femmes celui de la Déesse Trine - et personne n'essaya jamais de suggérer que les choses auraient pu se passer autrement.

J'appris donc à travailler avec les Déesses ; être dans un coven de la Wicca impliquait de travailler avec une Prêtresse pour "partenaire magique". Peu à peu, la petite pensée subversive fit son chemin : "Pourquoi les hommes ne peuvent-ils travailler directement avec la Déesse, et les femmes invoquer elles-mêmes le Dieu Cornu (ou toute autre Divinité mâle) ?" OK, j'étais naïf à l'époque, mais nous tentâmes la chose sans aucun problème. A l'époque, j'avais lu tout ce que je voulais de Jung et j'étais très intéressé par son concept des natures mâle & femelle à l'intérieur de soi. Les Grandes Prêtresses disaient aux hommes qu'ils devaient rentrer en contact avec leur nature "féminine", et donc c'était OK.

Au cours d'un travail portant sur un cycle de Magicks Dévotionnelles envers diverses Déesses (Kali, Isis, Eris, Babalon, Ma'at), je commençai à avoir des problèmes avec toute cette histoire de polarité. D'accord, nous avons des qualités "masculines" et "féminines". Les hommes sont logiques, les femmes sont intuitives, les hommes sont intellectuels, les femmes sont émotionnelles. Qui le dit ? Le patriarcat, voilà qui le dit (oui, je venais d'apprendre un nouveau mot et je commençais à entrevoir une nouvelle politique). C'est notre conditionnement social qui pose ces distinctions. Tentons de nous distancer de notre conditionnement et nous pourrions apprendre que la logique, l'intuition, l'intellect et les émotions sont des qualités que nous pouvons tous partager, quel que soit notre sexe. Et voilà une autre "loi" occulte qui vient de s'effondrer.

Je commençais également à m'interroger quant au concept jungien d'Anima et d'Animus. Si nous n'avons pas besoin de polariser les traits et qualités en "féminin" et "masculin", avons-nous alors besoin, à l'intérieur de nous, d'un Anima et d'un Animus ? Les théories de Jung ont été habilement réfutées par d'autres personnes, au cours des ans, et je n'éprouve pas le besoin de le faire ici.

La 'Diabolisation' de l'Homosexualité

Si certains occultistes trouvent l'Homosexualité problématique, cela ne doit pas nous surprendre, du fait que c'est toute notre culture qui a des difficultés avec ce type de relations sexuelles. Cela fait partie de l'héritage culturel du Christianisme, qui demeure à la source d'une bonne partie de notre conditionnement, bien qu'il ne soit pas forcément visible en surface, et qu'il soit aussi répandu dans les cercles occultes qu'ailleurs. Il existe un certain nombre de parallèles entre le fait de "se déclarer" lesbienne, gay ou bisexuel et devenir un occultiste, principalement parce que l'attitude chrétienne de base à leur égard consiste à les stigmatiser comme "déviants".

Bien que Jésus n'ait rien dit au sujet de l'Homosexualité, ses disciples ont été, eux, très clairs :

"Ne savez-vous point que les iniques n'hériteront point du Royaume de Dieu ? Ne vous y trompez point ; ni les fornicateurs, ni les idolâtres, ni les adultères, ni les efféminés, ni ceux qui s'abusent eux-mêmes avec l'humanité... n'hériteront du Royaume de Dieu."

St Paul, Corinthiens.

L'opinion de saint Paul sur le sexe est la suivante : le célibat vaut mieux que le mariage hétérosexuel dont il constitue la seule alternative. Toutes les autres formes de sexe sont illicites. Le sexe, d'après les enseignements chrétiens, ne fut donné à l'humanité que comme moyen de reproduction, et donc toute forme de comportement sexuel en dehors de la reproduction est un péché contre nature. Oubliez le sexe comme instrument de joie et de plaisir!

Les positions des Chrétiens sur la sexualité furent dans une certaine mesure basée sur le rejet des valeurs morales des Païens Antiques, dont les attitudes sexuelles étaient culturellement déterminées, plutôt que d'être des nécessités morales absolues. Les premiers Pères de l'Eglise donnèrent naissance à un code exhaustif de moralité sexuelle, code que le Christ lui-même n'avait pas délivré. Clément, Jérôme, Origène et Augustin posèrent en principe que le sexe dans d'autres buts que la procréation était un péché contre nature. De telles vues furent imposées dans l'Empire Romain une fois que le Christianisme fut adopté comme religion officielle. L'empereur Justinien prit au sens littéral l'idée que des violations de la nature entraînaient une riposte de la nature, et que la sodomie pouvait donc engendrer la famine, les tremblements de terre et la peste. Ce lien entre sexe contre nature et fléaux demeura populaire au Moyen Age, et son acceptation était considérée comme une preuve de droiture par les Espagnols durant leur conquête des peuples aborigènes. Pour les Espagnols, le fait que les Indiens admettent un comportement homosexuel fournissait une justification majeure de leur conquête et asservissement du Nouveau Monde. Lorsque les Indiens commencèrent à mourir des microbes amenés par les envahisseurs, les Espagnols y perçurent la confirmation par Dieu de la vertu inhérente à leurs actes. Bien sûr, de nos jours, nous entendons dire que le SIDA est une punition divine des homosexuels, et que la fréquence accrue du SIDA chez les hétéros vient de leur faute propre, sans parler, cela va de soi, de la faute des bisexuels.

L'attitude de l'Eglise envers l'homosexualité, au début du Moyen Age, peut se trouver dans les Pénitentiels, ces manuels pour confesseurs. Le plus influent de ces textes était le "Decretum" de Burchard de Worms. Les sanctions pour sodomie homosexuelle étaient :

Si le pénitent était célibataire, sept années de jeûne et d'abstinence.

Si le pénitent était marié, 10 ans de pénitence.

Si l'infraction était courante, 15 ans de pénitence.

Si le délinquant était un jeune, 100 jours au pain et à l'eau.

La sodomie homosexuelle était considérée comme l'infraction la plus sérieuse. D'autres actes homosexuels étaient cependant estimés bien moins sérieux. La masturbation mutuelle, par exemple, ne provoquait qu'une pénitence de trente jours, la même chose que pour avoir poussé quelqu'un à participer à une soûlerie ou pour avoir baisé son épouse durant le Carême.

Trois groupes étaient régulièrement dits être impliqués dans une activité homosexuelle : la noblesse, le clergé, et les étudiants.

Au treizième siècle, l'Eglise commença à identifier les actes homosexuels à des impulsions démoniaques. L'homosexualité n'était pas considérée comme innée aux individus, mais plutôt comme une habitude délibérément contractée comme acte de perversité. On affirmait que l'Homosexualité menait à la lèpre et à la démence, et qu'elle était liée au paganisme et à l'idolâtrie. Inévitablement, les actes homosexuels devinrent associés aux accusations d'hérésie et de sorcellerie, dont l'exemple le plus spectaculaire fut sans doute l'affaire des Chevaliers du Temple, lesquels furent accusés d'adoration du Diable, d'hérésie et de sodomie. Au 13ème siècle, l'Angleterre comme la France avait adopté la punition que l'Empereur Justinien avait décrétée pour l'homosexualité : la mort par le bûcher (d'où le mot "fagot"). [NDT : en anglais, le mot "faggot" signifie aussi "pédé".]

Nous pouvons observer là le mécanisme de contrôle de base du Christianisme lorsqu'il s'occupe de personnes ou d'idées, inhabituelles ou atypiques dans la société, qui sont alors stigmatisées et perçues comme une menace. La différence menace l'ordre et le contrôle, et elle est donc diabolisée. Depuis le Moyen Age, l'image chrétienne prédominante de "L'Autre" est le Diable, inspirant à des minorités de tenter de détruire l'ordre divin.

Le Christianisme offre une vision de la vie fortement dualiste, les catégories deviennent rigides et on appartient soit à l'une, soit à l'autre : Fidèle/Hérétique, Normal/Déviant, etc. Cette réaction basique à la menace du désordre est la peur, et le schéma culturel permettant d'affronter le désordre, c'est la création de stéréotypes perpétuant la différence nécessitée entre l'un et l'autre. Bien que la tendance à créer des stéréotypes soit assez naturelle, il existe aussi une tendance à les élever au niveau d'un absolu.

Le terme "homosexuel" fut créé en 1869, et "l'Homosexuel" naquit en tant que concept, que catégorie. A la fin du dix-neuvième siècle, il existait deux "identités" basées sur la préférence sexuelle, deux catégories de personnes : les Hétérosexuels (Normaux) et les Homosexuels (Déviants). Elles devinrent mutuellement exclusives, de manière absolue : ou l'on était normal, ou l'on était déviant.

Or, une bonne partie de ce qui passe pour être la littérature occulte moderne ayant vu le jour à la fin du dix-neuvième siècle, il n'est vraiment pas étonnant que les auteurs occultes aient accepté les mœurs sociales en vigueur à leur époque, tout spécialement celles touchant aux attitudes sexuelles.

Le problème, tel que je le vois, c'est que notre culture continue à se développer, devient de plus en plus complexe et fluide, et que les catégories dont nous disposons pour en rendre compte deviennent tristement inadéquates.

Dès le jour de notre naissance, on nous fournit un ensemble d'étiquettes, disposées de manière dichotomique, et via lesquelles nous créons la conscience de notre identité ; la race et la classe sociale, quelle caste nous opprimons et laquelle nous opprime, la nationalité ou l'ethnie ; ce qui nous donne un langage spécifique et ce qui nous farde de stéréotypes avant que nous sachions même qui nous sommes ; et le sexe, qui affecte chaque aspect de notre socialisation. Lorsque nous sommes devenus assez vieux pour avoir atteint la conscience de notre propre identité sexuelle, il est alors très difficile de renoncer à l'habitude d'étiqueter.

Je me souviens d'un article soumis il y a quelque temps à "Pagan News" et qui posait la question : "Qu'est-ce qu'un Païen ?" Question suggérée par un débat entre l'auteur et une Grande Prêtresse de la Wicca, laquelle estimait que l'auteur ne pouvait être un "véritable" païen du fait qu'il employait le rituel de bannissement de la Golden Dawn. A son avis, il était simplement "occultiste". Il semble y avoir un nombre important de gens, dans la communauté occulte, tenant à ce que leurs sentiers soient rigoureusement définis et enchâssés, invoquant au besoin ce vieux dieu, la "tradition", pour tenir en échec n'importe quoi d'autre.

Sur la scène Gay, il existe un clair parallèle avec certains individus possédant une définition de ce qui est un comportement "politiquement correct" ou "exact", et cherchant à exclure toute personne ne correspondant pas à ces étroits paramètres : cuir, SM, la drague en urinoir, la bisexualité, etc.

Inclure "l'Autre"

Derrière ce type de comportement se trouve dans les deux cas la réaction chrétienne, enracinée, consistant à stigmatiser et rejeter toute manifestation de "l'Autre", et, en même temps, à renforcer la conscience de soi par l'exclusion de la différence. Cette réaction au différent ou à l'atypique est tout à fait le produit d'une culture chrétienne. Cependant, dans d'autres cultures, ceux qui sont différents sont quelquefois perçus comme étant spécialement doués. Prenons pour exemple l'attitude envers les variantes sexuelles dans les religions amérindiennes.

L'un des principes de base des religions amérindiennes, c'est que toutes les choses dans l'univers sont reliées. Toutes les choses qui existent sont perçues comme possédant une contrepartie : le ciel et la terre, la plante et l'animal, l'eau et le feu. Entre toutes les polarités, il existe des médiateurs, dont le rôle est de maintenir la cohésion des polarités. La catégorie la plus importante, dans la société amérindienne, c'est le sexe. Les femmes récoltent et sont éleveuses (terre), cependant que les hommes chassent (ciel). Le médiateur entre l'homme et la femme, c'est le personnage combinant des caractéristiques des deux sexes : le Berdache, morphologiquement mâle mais doté d'une personnalité non féminine, qu'on pourrait dire Gynandre. Les Berdaches possèdent un statut social clairement reconnu et accepté, souvent basé sur une place sûre au sein du mythe de la tribu. Les Berdaches peuvent posséder des rôles cérémoniels distincts et un statut important dans les réseaux de leur parentés familiales. Ils ont un rôle de médiateur entre les Femmes et les Hommes car leur personne est perçue comme distincte des deux sexes. Ils ne sont pas vus comme des hommes, mais ils ne sont pas non plus vus comme des femmes.

Dans les cultures amérindiennes, la classification sexuelle est enracinée dans l'esprit de l'individu, dans ses désirs personnels plutôt que dans sa biologie physique. Cela fait violemment contraste avec nos approches dérivées du Christianisme, où les individus atypiques sont diabolisés. De nombreuses tribus associent la fonction du Berdache aux rêves ou aux cadeaux donnés par les esprits. Les Lakotas, par exemple, estiment que les Berdaches sont guidés par les esprits, et ne sont donc pas astreints aux règles de conduite habituelles. Leur côté exceptionnel constitue ainsi un reflet de leur aspect sacré et ils sont perçus comme offrant des avantages à la société justement parce qu'ils voient plus loin que les restrictions de la normalité.

Nature contre Éducation

En Occident, le débat entre les tenants d'une sexualité comme prédisposition innée et ceux d'une sexualité comme expérience acquise se sont polarisés dans les positions du Constructivisme Social et de l'Essentialisme. Dans les premières années du Mouvement de Libération Gay, les lesbiennes et les homosexuels adoptèrent un modèle ethnique d'oppression et de contre-culture. Là, lesbiennes et homosexuelles se définirent comme une minorité ethnique dont la sexualité était le facteur déterminant, et où l'homophobie était la répression. Les activistes lesbiennes et gay perçurent l'expérience sexuelle comme "au-delà du choix", des gens étant "essentiellement" hétérosexuels et d'autres "essentiellement" homosexuels. Ainsi, pour un Essentialiste, une femme qui découvrirait sa sexualité à 40 ans serait perçue comme ayant "toujours été" lesbienne mais n'ayant pas été en contact avec sa "vraie" sexualité. L'équivalent occulte, ce serait une chrétienne qui, rejoignant un coven, déclarerait avoir été "sorcière" dans une vie antérieure.

En opposition à l'argument Essentialiste il y a la vision Sociale-Constructiviste pour qui les catégories permettant de définir la sexualité sont socialement construites plutôt que découvertes, et pour qui notre éducation et notre socialisation nous influencent énormément, comme elles influencent la manière dont nous pensons que la "nature" nous façonne. Ses tenants affirment que l'orientation sexuelle est apprise, relationnelle, contingente et imprévisible, que divers scénarios sexuels apparaissent dans diverses sociétés, et qu'il y a des variantes de ces scénarios au sein de sociétés diverses.

Inutile de le dire, le paradigme Constructiviste, avec ses implications de fluidité et de choix quant aux préférences sexuelles, menaça dès son apparition certains activistes lesbiennes et gay. Il mettait en question l'approche "minorité ethnique opprimée" en arguant que la sexualité n'était pas une constante, et ne pouvait donc pas être comparée comme on le fait au niveau de la couleur de la peau. La réaction à ces assertions ne fut pas favorable, ceux réclamant des droits sociaux sur la base d'une identité de groupe n'appréciant pas, en gros, qu'on leur dise que l'identité est une construction sociale.

Au-delà de l'Étiquette

La conscience identitaire, dans nos cultures post-modernes, devient de plus en plus fragile et tout semble indiquer, à ce que j'en vois, que cette tendance va s'accentuer. Il y a de plus en plus de gens pour reconnaître que, quelles que soient les étiquettes dont ils usent pour se définir, celles-ci sont inadéquates et imparfaites, bien que nécessaires pour l'action politique. L'étendue du répertoire de choix sexuels de tout individu peut être bien plus large que tous les stéréotypes admis, créant une déroutante profusion de termes :

"homosexuels mariés, gouines-hétéros, échangistes, lesbiennes avec garçons-jouets, lesbiennes et gay qui "s'amusent à baiser" avec le sexe opposé, hommes qui baisent avec des hommes (mais ne s'identifient pas comme Bi ou Gay), bisexuels identifiés comme lesbiennes ou gay, etc."

Les définitions strictes des variantes sexuelles deviennent de plus en plus inadéquates quant à nos expériences. Ce qui nous ramène adroitement à la magie du chaos. Une partie du malaise que ressentent les autres Païens et Occultistes vis-à-vis de l'approche du Chaos est, du moins dans mon expérience, due à l'absence de tous paramètres rigides et à l'emphase portée sur la liberté de choix individuelle dans toute sphère d'activité. Nous commençons à découvrir que nous tous nous enchaînons trop facilement dans des limites en intériorisant des concepts restrictifs. De même, nous découvrons que l'expression sexuelle s'irrite à être réprimée. En considérant d'autres cultures, nous découvrons que les attitudes envers les variantes sexuelles sont souvent plus calmes, que la sexualité est conceptualisée comme agréable, que le choix est centré plutôt que "coupable" et au-delà du choix.

Le problème avec la position Essentialiste est pour moi double. Le premier, c'est qu'il accepte la dichotomie entre les sexes déjà bien établie dans notre culture. Puisque au sein de cette dichotomie même, l'Homosexualité est perçue comme "déviante", les tentatives pour modifier le statut social des Homosexuels sont d'ores et déjà désavantagées. La "ghettoisation" de la sous-culture gay & lesbienne est déjà bien avancée. Pour ma part, je citerais le groupe "Toxic Shock" : "Je ne veux pas vivre dans un ghetto alternatif, je veux vivre dans un monde alternatif". A nouveau, il y a un problème très complexe, et donc je serai bref. Accepter le dualisme Hétéro-Homo signifie également que ceux qui ne se sentent à l'aise dans aucune des catégories, comme par exemple les bisexuels ou les transsexuels, doivent se battre encore plus fort pour établir leur identité. La sous-culture gay peut être aussi oppressante avec les bisexuels et les autres que la culture dominante l'est avec les homosexuels, et ainsi se perpétue le cycle de diabolisation. Mon autre argument contre la position Essentialiste repose sur cette histoire de femme de 40 ans se découvrant lesbienne. Si elle ne fait maintenant que suivre sa "véritable" sexualité, cela dévalue ses expériences sexuelles passées, comme si elles n'étaient pas "vraies". Personnellement, avant de me déclarer Gay, j'eus diverses relations avec des femmes, joyeuses et satisfaisantes. De fait, beaucoup de mes partenaires m'encouragèrent grandement à explorer mes préférences sexuelles, et peut-être que sans elles je n'aurais pas exploré les autres facettes de ma sexualité. En aucun cas je ne trouve que ma présente orientation sexuelle* invalide mes expériences passées. Dans le même genre, j'ai rencontré des gay qui, après un contact sexuel avec une femme (depuis le simple fantasme jusqu'au véritable rapport sexuel), sentirent que toute leur identité était menacée, et devinrent terrifiés à l'idée que leurs amis ne s'en aperçoivent, et ne les ostracisent pour "ayant dormi avec l'ennemi". L'on peut trouver, dans le livre de Irving Goffmann, "Asylums", une clé permettant de comprendre les tensions sociales impliquées dans le maintien d'une identité :

"Notre conscience d'être quelqu'un provient de notre intégration à une unité sociale plus vaste ; notre conscience de notre personnalité peut venir de tous les petits moyens dont nous résistons à l'influence des autres. Notre statut est conforté par les solides constructions du monde, tandis que la conscience de notre identité personnelle se trouve dans les fissures".

La Révolution Quantique a porté un coup mortel à la perception dualiste de l'univers, et la Physique du Chaos va plus ou moins l'achever (un de ces jours). Nous savons que l'Univers est bien trop complexe (et trop splendide) pour être soigneusement étiqueté en paires d'opposés. Et nous savons comment nous nous enchaînons trop aisément dans des limites en acceptant des concepts restrictifs. Tout peut être possible, si nous nous allouons de nouvelles possibilités. Prenons la sexualité par exemple. Par égard pour la sécurité, nous définissons notre sexualité d'après des étiquettes, des images, des rôles, des politiques, etc. Mais, de plus en plus, nous découvrons que la sexualité s'irrite d'être piégée dans un moule unique. Ce qui ne veut pas dire que nous soyons tous androgynes ou bisexuels. Cela veut simplement dire que ceux qui s'en sentent capables peuvent explorer des aspects de leur sexualité allant au-delà de leurs perceptions immédiates et de leur orientation. La nuit dernière, je lisais "Macho Sluts", un recueil de textes érotiques lesbiens-SM. Ça ne m'a pour ainsi dire fait aucun effet mais j'ai été extrêmement impressionné par la capacité de l'auteur à être honnête et sincère par rapport à ses fantasmes - refusant de se censurer sous prétexte qu'il n'était pas "politiquement correct" d'avoir de telles images dans la tête. Je trouve que la meilleure forme de magick, c'est la magick qui libère des chaînes de l'oppression, qu'il s'agisse d'idées, de sentiments, de conditionnement, ou de la véritable et réelle oppression de se sentir dénué d'importance et de puissance.

- Note : Cet essai fut rédigé en 1991, comme élément de présentation pour un forum de discussion à Londres (The Talking Stick). A l'époque, je me présentais comme gay, mais depuis je me considère bisexuel.

Traduction française par Philippe Pissier

APPENDICE :

LA PUNITION ET LA BEAUTÉ DU BONDAGE JAPONAIS

Masami Akita

L'histoire du SM au Japon

Masami Akita est auteur de performances, un artiste, mais avant tout un compositeur. Son second CD, 'Music for Bondage Performance', réalisé avec son groupe Merzbow, est impressionnant. L'imprimé à l'intérieur nous apprend l'histoire japonaise du SM. C'est une très bonne esquisse de l'évolution du SM. La voici ;

L'art SM a pris au Japon de nombreuses formes et il est directement connecté à l'histoire du pays. L'un des genres établis de l'art SM est celui connu comme "Joshu", présentant généralement des femmes prisonnières. Lorsque nous parlons de matériel "Joshu" ou de femmes prisonnières, nous faisons généralement allusion à ces images de torture datant de la période se situant entre la bataille d'Onin (1467), traversant les ères Sengoku et Edo pour arriver à l'ère Meiji. La période Sengoku est connue pour ses cruelles méthodes de torture - feu, couteau (sectionner des parties du corps), tatouages, pierres, eau bouillante, billots, chevaux à bascule, et ainsi de suite. Les formes les plus brutales d'exécution et de torture furent employées au cours de cette période d'enfer sur terre. Les méthodes de torture et d'exécution employées contre les Chrétiens étaient très barbares. Il faudrait toutefois noter qu'il n'y a rien de particulièrement spécial dans ces brutales persécutions religieuses tout au long de l'histoire. Ailleurs, ceux qui croyaient en des religions"³mauvaises" ont été traités séparément du reste de la population. Les Chrétiens, au Japon, se faisaient couper les oreilles, les doigts, le nez, ce qui constituait à l'origine la punition pour ceux ayant commis les crimes de trahison et de fraude. La déformation physique était censée fournir l'humiliation publique maximale.

Le gouvernement Tokugawa posa en 1742 les fondements de la loi pénale, laquelle instituait sept différents types de punition : mort, exil, esclavage, travail forcé et ainsi de suite, ainsi que quatre types de torture : le fouet (mutchiuchi), pression par les pierres (ishidaki), ligotage par cordes (ebireme) et suspension par des cordes (izur zeme). Il convient de remarquer que chacune des quatre méthodes officielles de torture, datant de cette période, sont toujours considérées comme les principales techniques de torture du SM d'aujourd'hui. L'on peut affirmer que les fondements de l'art SM d'aujourd'hui furent jetés à cette période-là.

L'autre aspect intéressant de la punition à cette époque est la disgrâce publique. La disgrâce publique des criminels et l'exécution publique étaient courantes avant l'une des dynasties Yamato qui s'établit à Nara en 794. L'exécution des femmes n'était pas ouverte au public mais devint acceptable au cours de l'ère Edo. D'après "L'Histoire de la Punition au Japon" (Takigawa Masajiro), les criminels étaient liés à un cheval et promenés dans la ville avec une affichette décrivant leur crime. L'auteur fait remarquer que les femmes criminelles excitaient les intérêts pervers des spectateurs mâles. Le but de la disgrâce publique était de dissuader les gens ordinaires de commettre des crimes en leur en indiquant la conséquence, ainsi que d'humilier les criminels au maximum. Les femmes souffraient plus de la disgrâce publique, ce qui est un thème dominant dans l'art du bondage d'aujourd'hui.

La société japonaise devint plus stable sous le règne de Ietsuna et Tsunayoshi, les quatrième et cinquième shoguns de Tokugawa, et les actes de punition devinrent plus théâtraux. A l'apogée de la culture Edo, la description de punition était devenue un genre, et la punition était devenue incroyablement populaire comme forme de divertissement de masse, avec une nuance d'excitation. Les caractéristiques artistiques du SM d'aujourd'hui, spécialement le "Joshu" et le bondage, proviennent indubitablement de cette période.

Les véritables actes de torture et de punition étaient presque toujours effectués par les fonctionnaires des classes inférieures. Au cours de la période Edo, lorsque fut établi la société hiérarchique, se saisir des criminels était la tâche confiée à des fonctionnaires des classes inférieures, tels Yoriki et Doshin. Meakashi et Okappiki, qu'on retrouve souvent dans des romans d'aujourd'hui, étaient des détectives privés, même si Doshin leur octroyait le statut officiel de "négociants".

Attacher à l'aide d'une corde fut un art développé et maintenu par Doshin, car il fallait différemment attacher les gens de classes différentes. Attacher de manière erronée aurait ennuyé non seulement les criminels mais aussi les fonctionnaires. Certaines techniques de cordes ont été transmises oralement ou gardées très secrètes.

L'humiliation publique et les autorités

Il existe un élément de ridicule en public et d'autorité dans l'art SM. Prenons l'exemple d'une image avant-guerre montrant la femme d'un réactionnaire torturée et violée par un violent officier de police. Une autre image, de la période Edo, montre des prisonnières couvertes de honte par un policier local. Un exemple plus moderne nous montre le surveillant d'un grand magasin s'amusant avec le corps d'une écolière surprise en flagrant délit de vol à l'étalage. Une autre montre un chef de gare violant une fille qui était passée sans ticket.

Dans ces images, les actes de viol et de torture ne sont " justifiables" que parce que la victime a commis une erreur. On peut dire qu'un certain sadisme est impliqué. La victime accepte le crime et le châtiment, mais néanmoins devant son atroce humiliation. La position sociale des femmes dans ces images est si fragile qu'elle augmente la différence de pouvoir entre agresseurs et torturée. La fragilité, la faiblesse et autres caractéristiques féminines sont ici présentées multipliées un grand nombre de fois. Cela excite le sens de la honte et stimule l'appétit masochiste. Aucun viol ordinaire, dans l'art SM, ne pourrait atteindre à tel niveau.

Cependant, on ne peut classer toutes les personnes excitées par ces images comme des sadiques. Elles peuvent être excitées par sympathie avec les filles torturées et violées sur ces images. En d'autres mots, elles peuvent se sentir émues en partageant les tremblements du corps, le pouls qui s'accélère et l'humidité vaginale provenant de la peur. Cela ne signifie pas, en outre, qu'elles soient toutes masochistes. C'est bien là que se situe une barrière entre sadisme et masochisme.

Les magazines SM après la guerre

"La seule chose que j'ai vue, grâce à une personne qui étudiait le bondage depuis 1908, fut le tag pervers", affirme Ito Seiu dans un article publié en 1953 dans le magazine Amatoria. A cette période, le mot SM ne figurait même pas dans le langage courant : tout cela était planqué sous le tapis, et les fournisseurs étaient dits pervers.

Lorsque Ito écrivit ceci, au début des années 50, c'était l'époque où les "pulp magazines" d'après-guerre commençaient à se transformer en marché de masse orienté vers l'érotisme. C'est de fait en 1953 que l'un de ces "pulp magazines", Kitan Club, devint un magazine authentiquement anormal. Kitan Club, lorsqu'il fut lancé en 48, était un magazine à thème érotique mais destiné aux gens "normaux". La transformation s'opéra grâce à une série de clichés de bondage effectués par Kita Reiko - connu aussi sous le nom de Suma Toshiyuki, éditeur de Kitan Club et d'Uramado, et aussi romancier sous le nom de Munomura Ko. Il affirma être le ³dernier disciple du maître du bondage, Ito Seiu³

"Yomikiri Romansu" était un autre magazine de série B, avec des romans érotiques, et possédant un format semblable à celui du magazine alors populaire ³Married Couples³ (NDT : Couples Mariés). Le magazine Romansu contenait des dessins et des photos de bondage faits par le rédacteur en chef, Ueda Seishiro, très fortement influencé par Ito Seiu. Ueda était un régulier des séances de photos organisées par Ito. De nombreuses photos de bondage, provenant de ces séances, finirent dans les pages de magazines SM en vogue comme Kitan Club ou Uramado. On peut dire que l'esprit d'Ito Seiu, le grand maître des cordes, a été amené jusqu'à nous grâce à ces magazines des années 50.

Le magazine Uramado fut lancé en 1955, c'était à l'origine un magazine de romans-feuilletons, il devint magazine SM vers 1960 principalement en raison des efforts de Lida Toyokaru, ancien rédacteur en chef de Kitan Club. Lida devint plus tard le principal collaborateur, connu sous le nom de maître des cordes Nureki Chimuo, depuis les jours dorés des magazines SM des années 70 jusqu'à l'explosion ultérieure du marché vidéo.

Avec tous ces nouveaux concepts et ces nouvelles directions, Uramado prétendit sur sa couverture être "le magazine SM le plus extraordinaire de tout le pays". Le magazine alimentait de talentueux photographes comme Yoshida Kyu et Fujisawa Shu, sans parler de l'artiste Nakagawa Ayako. Le magazine imprima également des tonnes d'images et de photos importés d'outre-mer par l'entremise de Phoenix Co.

Morishita Takashige, de Phoenix, avait de nombreux contacts avec des ³maniaques³ et des ³collecteurs³ de la côte ouest américaine, comme John Willie ou le Fakir Musafar, alors éditeur de Fancy, le tout premier magazine au monde portant sur les primitifs modernes. Chose incroyable, Musafar avait déjà visité le Japon et avait été présenté à Kanta Mori (Morishita), comme représentant d'une croissante et anormale manie de piercing, dans le magazine Fuzoku Kiton.

Malheureusement, Uramado disparut lors de la massive extinction de telles publications au cours des années 60. La fin d'Umarado signala la fin d'un âge d'or pour les magazines ³anormaux³ d'après-guerre. Peut-être n'était pas alors acceptable de montrer ouvertement les medias SM, et la seconde heure de gloire des magazines SM survint du début des années 70 jusqu'aux 80, avec des titres comme SM Collector, SM Select, SM Kitan, SM Mania, SM Fan, SM Sniper et SM King.

Pornographie et SM

Les subtiles différences existant dans l'art SM, et les diversités entre les différents magazines, sont dures à expliquer au novice. Pour beaucoup, tout cela a l'air pareil : la victimisation des femmes. Il y a principalement deux courants dans l'art SM au Japon, l'un dépeignant les côtés sombres de l'esthétique SM, et l'autre s'occupant de côtés plus lumineux et plus pornographiques. Il faut se souvenir que ce n'est que depuis que Dan Oniroku écrivit un roman nommé "Flower and Snake" que le vagin devint plus présent, et que les vibrateurs et les lavements, ainsi que la pénétration anale, furent ajoutés à l'art SM.

Le prétendu SM soft, et les SM clubs d'aujourd'hui sont des produits de la seconde vague. Il y a obsession du vagin, de la vulve et de l'anus, des parties intimes des femmes qui auparavant n'étaient pas considérées aussi importantes dans le SM traditionnel. Dans cette forme nouvelle et populaire, le SM n'est plus que préliminaires, il est rabaissé à n'être qu'une entrée devant précéder l'acte principal de pénétration. Il ne s'agit certainement pas d'une recherche esthétique. Pas de problème avec le rapport sexuel, mais le SM n'en fait pas partie. Le SM popularisé n'est pas le vrai truc car il n'est pas une véritable poursuite de l'art de la torture.

Masami Akita

Si vous êtes intéressé par l'histoire des photos de bondage depuis l'après-guerre, recherchez mon livre "History of bondage photos of Japan (Nihon Kinbaku Shashin Shi)", publié par Jiyu KokuminSha. Il possède 300 illustrations.

Le CD "Music for Bondage Performance 2" est disponible chez : EXTREME / PO BOX 147 / PRESTON 3072 VICTORIA / AUSTRALIA. Référence : XCD 034.

Traduction française par Philippe Pissier

CONTRIBUTEURS

Amodali

Amodali est une artiste multidisciplinaire, écrivaine et praticienne de la magie du nord de l'Angleterre qui concentre son travail depuis les années 1980 à l'étude de la métaphysique, de la phénoménologie et de la pratique de la magie sexuelle féminine. Ses recherches se portent principalement sur l'exploration de la magie de Babalon, en utilisant des méthodes de chant, des états de transe sexuelle et des techniques d'incarnation dans des espaces magiques dédiés au féminin.

www.amodali.com

Àsta Hagalaz

Mes œuvres d'art sont les manifestations les plus profondes et les plus sombres de ma psyché, ainsi que des dédicaces sacrées à diverses entités qui m'ont accordé le don de peindre à travers leur vision.
Enchantée par la lune serpentine, je crée et verse du sang pour ceux qui vivent dans le chaos et l'au-delà, possédée par la splendeur soyeuse de sa lumière.

www.darkartmovement.com/artists/asta-hagalaz

Charles Reymondon

Charles Reymondon, dont le nom de presse était Baruch, fit parti du Réseau 666. Féru de métaphysique, de sexo-politique et d'histoire, bon ami de Raymond Abellio, il écrivait également pour la presse en tant que chargé des questions de psychanalytique et de biologie de la sexualité pour le *Quotidien du médecin* et participa activement à la revue *Sexpol*.

Frater D. et Soror L

Frater D. et Soror L. comptent parmi les fondateurs de La Voix de Satan, une revue ésotérique française, dédiée à l'art, l'ésotérisme et le satanisme. Frater D. est artiste, écrivain et musicien pluridisciplinaire. Vétéran du Black Metal, il évolue actuellement dans les sphères de l'expérimentation sombre et la composition ritualiste (Antelogos, Haiku Funeral, Corpus Diavolis). Soror L. s'occupe également de la logistique et la rédaction de La Voix de Satan. Les deux font partie du collectif satanique AMSG (Alliance Mystique de Satan Glorifié) et l'organisation événementielle Dæmonicreation basés à Marseille.

Les publications de l'AMSG sont disponibles sur www.gloireasatan.com

Lia Vé

Lia Vé manipule la matière et les symboles pour capter des énergies latentes, mue par la nécessité viscérale d'embrasser l'obscur, espace liminal où notre culture enfouit ce qu'elle ne veut regarder. DIY et intuitive jusque dans sa pratique rituelle, elle est malgré tout imbibée jusqu'à l'os de traditions magiques plus codifiées.

FB : www.facebook.com/lia.ve.artist.plasticienne
Blog : lia-ve-art.tumblr.com

Linda Falorio

Linda Falorio est une artiste et écrivaine de renommée internationale. Elle est également la créatrice du 'Shadow Tarot', un outil pour explorer l'ombre archétypale à travers la focale de la psyché personnelle inspiré par le Liber 231 d'Aleister Crowley, le 'Nightside of Eden' de Kenneth Grant et la 'Goétie ou Petite Clavicule de Salomon'. Linda est également connue pour ses créations de fétiches magiques et ses portraits, et pour l'interprétation de symboles personnels et de ses rêves sur toile.

www.anandazone.nu

Masami Akita

Merzbow est le pseudonyme utilisé par le musicien japonais Masami Akita (秋田昌美) (né en 1956) pour la plupart de ses enregistrements de musique bruitiste et expérimentale. Extrêmement prolifique, il a publié plus de 300 enregistrements (en CD, vinyles ou cassettes) depuis 1979. Il est l'une des figures majeures de la scène bruitiste japonaise.

Nacht Darcane

Exilée dans les terres du Nord, Nacht Darcane dédie son exploration aux mystères de l'étreinte d'Eros et Thanatos, elle exprime ses perceptions par les mots mais aussi à travers sa peinture pour dépasser les limites de la pensée discursive. Sa pratique de la méditation intensive (Vipassana) depuis plus de vingt ans, soutenue par une vision non duelle (Advaita), lui permet d'extraire l'Essence de la Voie de la Main Gauche, en particulier à travers le Tantra, l'Alchimie intérieure et la Magie Sexuelle pour une transformation perpétuelle.

www.arstenebris.com

Philippe Pissier

Philippe Pissier est un plasticien, un poète, et surtout un traducteur, principalement d'ouvrages ésotériques. Il est surtout connu pour ses traductions du mage britannique Aleister Crowley et ses efforts pour faire connaître le personnage en francophonie— mais il s'est également occupé de textes d'Austin Osman Spare, Edward Kelly, Charles G. Leland et Phil Hine. Il a créé plusieurs revues, participé à de nombreuses revues et expositions, animé avec le plasticien belge Thierry Tillier un groupe d'artistes nommé « Réseau 666 » (dans les années 80), participé activement à l'aventure du site « Magick Instinct » (qui voit le jour la première année de ce siècle, créé par Jean-Luc Colnot), lequel site contribua notamment à la naissance d'une scène francophone de la « magie du chaos ». Il a également aidé à la sauvegarde des écrits de Jean Carteret, Paul Gregor, Charles Reymondon et Diana Orlow (alias Lilith von Sirius).

Occvlta Craft

Occvlta est une association de deux personnes dont l'objectif principal est de fabriquer des produits à base de plantes et des artefacts de haute qualité pour la pratique de l'Alchimie, de l'Herboristerie, de la Sorcellerie et du Sentier des Poisons depuis 2013. Ses membres fondateurs et gérants résident dans le Les Pyrénées de Catalogne et leur travail se concentrent sur l'éveil et la transmission de la tradition oubliée des sorcières et des plantes des territoires de montagne, qu'ils accomplissent à travers leurs créations, mais aussi en travaillant avec des musées, des entités culturelles, des ateliers et des cours.

Vous pouvez les suivre sur Instagram à @occvltacrafts
Et sur Facebook : www.facebook.com/occvlta.crafts

Phil Hine

Phil Hine vit et travaille à Londres, où il pratique une approche hybride du Tantra. Il s'intéresse particulièrement aux présentations de l'occultisme et à la façon dont elles s'inscrivent dans des formations culturelles plus larges. Il est l'auteur de *Prime Chaos*, *Condensed Chaos* et *The Pseudonomicon*, et a contribué à un grand nombre de magazines occultes.
http://enfolding.org

Shandi

Shandi/AzK est un artiste occulte, académicien et joaillier qui a étudié et enseigné l'art pendant plus d'une décennie. Aujourd'hui, sa pratique artistique n'est éclairée que par la pratique de la sorcellerie et la magie : effigies, outils de pouvoir, icônes et autres objets occultes font tous partis de ses créations, dirigées par les Esprits et fabriquées par ses mains.
Son art, inévitablement magique, puise dans le substrat de l'occultisme occidental et de la sorcellerie, de la sorcellerie sabbatique, du tantrisme, de l'alchimie et de l'hermétisme. Il est également le Magister du Clan du Serpent d'Émeraude.

Soror Imperator

Mambo Gran Bwa Racine aka Soror Imperator est mambo asogwe, rootworker et fabrique des savons lorsqu'elle s'ennuie. Après un parcours spirituel entre les Etats Unis, Haiti et le Proche Orient, elle s'établit en France pour promouvoir la culture "racine" au travers de son cabinet spirituel, de conférences et d'une association de vaudouisants en diaspora, ainsi que pour enseigner un Hoodoo qui revient à ses origines afro-américaines et à la simplicité d'une magie populaire.

www.granbwaracine.fr

Youna Renard

Youna Renard est une artiste, tatoueuse et sorcière. S'intéressant au corps et à l'esprit humain, ses recherches et expérimentations la pousse sur les voies de la magie sexuelle, du féminin sacré, de l'art corporel, de la magie du chaos et du paganisme. En To Pan.

https://www.instagram.com/younarenard

www.ingramcontent.com/pod-product-compliance
Lightning Source LLC
LaVergne TN
LVRC081131100526
838202LV00076B/2845